HORARY ASTROLOGY Step by Step
Petros Eleftheriadis

一歩一歩、習得できる
ホラリー占星術
実践ガイド

ペトロス・エレフセリアディス 著

皆川剛志 訳

太玄社

HORARY ASTROLOGY Step by Step
by Petros Eleftheriadis

Copyright© 2021 by Petros Eleftheriadis
Japanese translation rights arranged with THE WESSEX ASTROLOGER
through Japan UNI Agency, Inc., Tokyo

日本の読者へ

　日本は母国ギリシャに次いで、大好きな国になりました。処女作が受け入れられたことが、どれだけ嬉しいことなのかを伝える術がありません。それに自分の仕事が評価されるのは、いつだって嬉しいものです！

　2冊目の本書では、さらに何段階も先に進めます。初作では占星術を学ぶ学習者や専門家に、有効なホラリーチャートを提供することを目的としました。本書の目的は、チャートを正確に判断する手順を段階的にお伝えすることです。ですから、ここに知るべきすべてを記しました。

　願わくば、あなたにとって、わかりやすく簡潔でありますように。それではお楽しみください！

ペトロス・エレフセリアディス

ホラリー占星術
実践ガイド

目次

ステップ 3
表示星を評価する

ステップ4

チャート判定

トレーニングチャート

訳語について

表示星【significator】

　表示・象徴を表す「significator」を「表示星」に統一します。一方で、強い力を持つ勝利星を「アルムーテン」に統一します。表示星が複数ある時、そのなかで特に重要な天体を「主要表示星」と表記します。

受容【receives／received／dispositor】

　リセプションを述べる文で、原文に使われる「Receive（レシーブ）」を「受容」に統一します。レシーブは受け取る、受け入れる、を表す動詞です。そして古典占星術の根幹を成すリセプションを示す際に使われます。リセプションは天体が別の天体を受け入れ、助力を与え、まるで抱擁するかのように作用します。その描写から漢字表現「受容」を選びました。

直近アスペクト【the next aspect】

　天体がすぐ次に形成するアスペクトを「直近アスペクト」と表記します。

形成中【apply／applies／applying】

　原書では、天体Aが天体Bに直近でアスペクトを組む際に「apply」を用いています。これを「形成中」と表記します。

シングル・リセプション【single reception】

　本来は単にリセプションと呼びます。ミューチュアル・リセプションとの混同を避けるため、本書ではシングル・リセプションとします。

はじめに

　処女作『ホラリー占星術〜運命を学ぶ実践的方法』を書くきっかけは、ネット上や出版物に有効（ラディカル）ではないチャート、つまり、無効な質問や、基本的な事前考察に従わない事例を多く目にしていたからです。

　そこで、YES／NOで答えられる、55の質問について有効なチャートを収録することにしました。独自の判断方法を作る人たちは、伝統的な考え方や理論では不十分と考えています。でも結論を出すにはそれで十分であることを示すためです。

　また、占星術講師として別の問題に気づきました。それは、理論を知っているだけでは不十分ということです。学んだ理論を実際のチャートに落とし込めないというケースは多く、そうした生徒は、判断要素は正しく揃えられるのに結論まで導けません。エッセンシャル・ディグニティはアクシデンタル・デビリティよりも強いのか、その逆なのか？　どの表示が他よりも重要なのか？　この混沌とした状況に秩序を与えることは可能なのでしょうか？　可能です。それに答えるのが本書の目的です。

　本書はホラリー・チャートのステップ・バイ・ステップガイドです。理論の基本的要素はすべて明らかにしますが、必ず知っておかなければならないこと、理解しておくべきことだけに焦点を当てました。ボナッティはこう述べた、リリーはこう判断した、など細かな事柄で息を詰まらせる内容ではありません。私は常に実用性を重視しています。占星術を学び始めた当初から、私の目標は占星術学者ではなく、優れた実践者になることです。世の中には、あらゆる書籍や知識が揃っています。でも何が有効かを見分けることができなければ、せっかくの知識も無駄にな

ってしまいます。

　最初の本から何かが変わったでしょうか？
　変わっていません。ただ、より厳密になりました。時が経つにつれ、周りの人たちが何の理由もなくホラリー・チャートに問うのを見て、ますますホラリーの限定的な使用を支持するようになりました。独自の見解として、月をホラリー占星術で最も重要な天体に格上げしています。月が自分のいるサインを離れる前にアスペクトを取らない場合だけでなく、月の速度に応じ、次のアスペクトが12〜15度以上離れている場合も月がボイドになると考えています。また、月とサウスノードのコンジャンクションは、過去に考えていた以上に、極めてネガティブな兆 (きざし) です。

　さあ、それでは始めましょう。

ステップ 1
チャートの有効性

まず、明瞭にしておきましょう。

それは、ホラリーチャートは占星術師の場所と、占星術師が質問を理解した時間で作るということです。

ホラリーは、色々な点で出生図と似ています。出生図で赤ちゃんの受胎時間を使わないように、ホラリーでは質問者が最初に質問を思いついた時間を使いません。占星術師が産科医の役割を果たし、質問を「届ける」のです。

チャートは有効でしょうか？

簡単なことのように思えますが、そうでもありません。現在、ホラリーがどのように使われているかに関わらず、占星術は芸術でも科学でもなく、何をすべきかを教えてくれるものでもありません。アドバイスにも使えません。占星術が唯一できること、それは**何が起きるかを伝えること**です。それ以外にはありません。ですから、もしあなたの質問が何らかの形で未来を変えようとするものであったり、岐路にあって何が最善かを教わりたいのなら、そのチャートは無効です。占星術は私たちの生活を楽にしてくれるツールではありません。また未来を知ることは、未来を変えることではありません。

1. 『すべき？』で始まる質問

無効です。占星術はあなたの選択を肩代わりできません。

2. 占星術は何が起きるかを教えてくれる

「宝くじを買ったら当たりますか？」「仕事Aと仕事B、どちらがいいですか？」。これも「すべきか？」質問と同じ。つまり無効です。もう一度

言いましょう。占星術が教えてくれるのは何をすべきかではなく、何が起きるかです。私たちは水晶玉を持っているわけではありませんから、未来の出来事を詳細に伝えることはできません。でも、これが私たちにできる最善の方法です。占星術師には現実に介入する力はないのです。

3. 第三者について

　他人についての質問は、ほとんどの場合、好奇心から尋ねられるものです。子供、パートナー、夫／妻、姉／弟、とても親しい友人についての質問でない限り、その好奇心はホラリーチャートを作成する理由にはなりません。また、次のような質問もあります。「ジョンは他の人と付き合っている？」これは好奇心から生まれた意味のない質問です。本来なら、聞くべき事柄は「私との関係はうまくいっているのか／脅かされているのか」あるいは「私たちは別れる（離婚する）か」です。第三者についての質問はしないでください。ただし、チャートに第三者が示される場合はあります。

4. YESかNOで答えられる質問をする

　次のような質問は避けてください。「昨晩電話をかけてきたのは誰？」チャートによると3ハウスの人だったとします。それは、兄弟でしょうか、姉妹でしょうか、近所の人でしょうか、友人の子供（11ハウスから5番目）でしょうか。確かなことはわかりません。ですから、この質問はたいてい無意味です。また、「彼は私に何を求めている？」のような、曖昧な質問は避けてください。ホラリーはシンプルな問いに、シンプルな答えを提供するための手法です。物事を複雑にするのはやめましょう。

5. 藪をつつかない

「今週の土曜日にジョンと出かける？」「彼は私のことを考えている？」といった、藪をつつくような質問はやめましょう。

何故それを知りたいのでしょう？　彼が気になっている人であれば、本当の質問は「私たちは一緒になれる？」。それが知りたいことです。通常このような質問をする時、何かがうまくいっていません。そして、本質的なことを聞くのではなく、真実に直面したくないがために、その問題にまつわる細々とした事柄を聞いてしまうのです。あるいは、過去に否定的な答えをもらったので、次は肯定的なことを期待して違うことを聞いているのかもしれません。

6. 政治や一般的な俗世間の出来事

ホラリー占星術はこうした問いに適していません。あなたが強く支持する候補者や政党について、その候補者が勝つかどうかを尋ねることはできます。でも「誰が勝つか」という質問は避けてください。正直に言います。私も過去に同じような質問をしたことがあります。でも現在は自分が説くことを実践しています。そして、チャートは可能な限り個人的なものでなければならないと考えています。その代わり、「誰が勝つか」という質問には、正確な出生時刻がある政治家の場合は出生図、そして春分図、夏至／冬至図を使っています。

7. 時間を制限する質問

これも通常、質問を無効にします。例えば「6ヶ月以内に仕事を見つ

けられますか」という質問です。7ヶ月後に仕事が見つかったらどうでしょう？　チャートは「いいえ」と答えるはずです。でも通常はそうではありません。もし本当に仕事を探しているのであれば、「私は仕事を得られるか」とシンプルに尋ねましょう。時間の枠を考える必要はありません。好きに質問し、それが世界に違いをもたらすと信じ、自分を誤魔化すようなことはしないでください。世界（森羅万象）は愚かな言い回しの裏にある本当の質問を知っています。ですから、それを尋ねてください。「半年後に仕事が見つかることはないでしょうが、7ヶ月後に何が起こるかは誰にもわかりません」。これは通常、占星術師が顧客を失望させないために使うトリックです。ホラリー占星術はその定義上、時間枠が限られています。そして通常、現実にすでに始まっている事柄を扱います。ホラリー占星術では、惑星がサインを変えようとしていない限り、そのサインを越えて惑星を動かすことはありません。ですから、「仕事に就けるか」という質問に否定的な答えが返ってきたからといって、その質問者が一生仕事に就けないというわけではないのです。これは近い将来、仕事に就けないという意味です。いずれにしても、これに対処する最善の策は、すでに応募した仕事についてのみ質問をすることです。

8. 現在と関係のない質問

　恋人がいないときに「また誰かとつきあえるか？」また、質問者が子供を作ろうとしていないときに「子供を授かるか？」という質問。これらも無効です。こうした質問は出生図が適しています。すでに述べたように、ホラリー・チャートは近い将来に起こりそうで、何らかの形で解明され始めた出来事（仕事を探している、子供を産もうとしている、重要な相手に出会ったなど）のための方法です。

9. あまりにも具体的な質問

例えば「気分が悪い。コロナウイルスに感染しているだろうか」という質問。チャートはあなたが病気かどうか、あるいは、いつ良くなるのかを教えてくれます。でも、正確な診断はできません。コロナウイルスについて質問をしたからといって、完全な健康状態を示してくれるわけでもありません。もし、あなたが病気なら、それがコロナウイルスであろうと、普通のインフルエンザであろうと、チャートは病気であることを示すでしょう。

> **ポイント** チャートのアセンダント・サインが質問者のそれと同じであれば、常に良いことです。また、質問者のハウスに月やアセンダント・ルーラーがあるのも良い兆しで、これらはラディカリティ（チャートの有効性、信頼性）を与えます。

判断前の考察事項

　上記をすべてクリアした後は、判断前の考察事項を確認してください。これらは、古典時代の占星術師が確立したいくつかの前提条件です。彼らはチャートが時々「正常に振る舞わない」ことに気づきました。

月のボイド

　私にとって最も重要な検討事項です。月は、ホラリーチャートの中で圧倒的に重要な天体です。アセンダント・ルーラーよりも重要ですから、月にはよりよく力を発揮してもらう必要があります。一般的なムーン・ボイドの定義は、月が自分のいるサインを出る瞬間まで、他の惑星とアスペクトを作らない時です。でも、あるサインの29度にある月が、チャートのどこかで27度にある惑星とのアスペクトが分離したばかりで、月が次のサインに入るいなや、別の惑星とアスペクトを作るのなら、ボイドとは呼べません。一方で、月が自分のいるサインを出る前に接近アスペクトを形成するも、アスペクトがオーブ外である場合はボイドと考えます。つまり、個人的には、月がアスペクトを形成するまで12〜15度以上ある時、月に大きな問題があると考えています。最初の本では、そのような月のチャートをいくつか掲載しましたが、現在はおそらく採用しません。すべては月のスピードに依存します。**もし月が次のアスペクトに1日（24時間）以上必要とするなら**、私はボイドと考えます。次のアスペクトまでの度数の目安としては、月の移動速度が早ければ15度、遅ければ12度弱です。

最後に、月のボイドにおいて月サインは一切考慮しません。ウィリアム・リリーに従えば、月が牡牛座、蟹座、射手座、魚座にある時、ボイドであっても月は力を発揮できます。私の意見は異なります。月のサインに関わらず、月がオーブ内でアスペクトを形成することを優先します。

アセンダント・ルーラーのコンバスト

質問者が占星術師に何かを隠している、間違った質問をしている、あるいは質問を無効にするような事実を知らないことを示している場合が多いです。ただし、健康に関する質問、コンバストが他の理由で十分に説明できる場合を除きます。

火星や土星が7ハウスにある時

質問が7ハウスの問題でない限り注意が必要です。これは、占星術師が間違った答えを出す可能性を示しています。【7ハウスが占星術師を示すため】 ただし、あなた自身の質問ならば、あなたが占星術師です。このとき、あなたを示すのは1ハウスですから、7ハウスの火星や土星は問題にはなりません。

アセンダント度数が序盤「0度00分〜2度59分」と終盤「27度00分〜29度59分」の時

それほど道理には叶っていませんから、最も弱い考察事項かもしれません。でも、これがチャートに現れると、正直なところ不安を感じます。

一般的なルールとして、上記の考察事項のうち2つまたは3つに該当

する場合、例えば、初期のアセンダント度数、月のボイド、アセンダント・ルーラーのコンバストの時、チャートを破棄することを強くお勧めします。こうしたチャートは判断するのに適していません。

　チャートが無効となる時、そこには理由があります。相談者は、再び翌日に占星術師に連絡をして、新しいチャートを見てもらうことはできません。経験上、翌日に作った一見有効なチャートが正確な結果をもたらすことはありませんでした。第一に問われた問題に大きな変化がなければなりません。そして質問者が再び尋ねるに足る新しい何かが必要です。なによりも明瞭な心の整理が求められます。

ステップ2
表示星を決める

ハウスシステムはどれを使うべきでしょう？　ほとんどのホラリー占星術師は、ルネッサンス後期の偉大な占星術師ウィリアム・リリーが使用していたレジオモンタヌス・システムを使用しています。私はハウスをより等分に分割する、アルカビティウスやポルフィリーが好きです。アルカビティウスがレジオモンタヌスよりも優れていると断言していいのでしょうか？　いいえ。アルカビティウスに自信を持ちすぎると（特に出生図では）、レジオモンタナスで適切なチャートが出てくる傾向があります。

　惑星はどのハウスにあるでしょうか？
　これは、言うほどに簡単ではありません。ハウスの問題点は、その意味がホール・サインハウス・システム（以降ホールサイン）で確立されていたのに、ホラリー占星術師がそれを使わなくなった点です。例えば、ホールサインを使ったチャートでは、5ハウスはアセンダント・サインとトラインを形成しているため幸運を表します。しかし、不均等な四分円ハウスシステムを使用すると、5ハウスのサインと、惑星が必ずしもアセンダント・サインとトラインになるとは限りません。それは同じように幸運なことでしょうか？　私はそうは思いません。

　まず、アングル（ASC／DSC／MC／IC）にある惑星の定義をしましょう。
　ある惑星がアングルと同じサインにある時、その惑星はアンギュラー（アングルにある惑星やサイン）と考えます。つまり、アングルが双子座29度にある場合は、双子座にあるすべての惑星がアングルにあると考えるのです。アングルから大きく離れている時、同じサインにあってもアンギュラーとは考えにくいかもしれません。私の提案は、同じサインにあることで、惑星の力が強められているとすることです。

　例えば、双子座29度にMCがあるなら、双子座がアンギュラーです。

双子座1度に惑星がある場合、これはアングルからかなり離れています。ですから、9ハウスにある惑星と考えてもいいでしょう。でも、牡牛座9ハウスにある別の惑星とは異なる扱いをしなければなりません。牡牛座の惑星は9ハウスのケイデントです。でも双子座1度の惑星はアンギュラーですから、より強くなるのです。

アルカビティウス方式で計算した**例題チャート1**では、アセンダントが水瓶座にあり、12ハウス側の土星も水瓶座にあります。ここでは土星を1ハウスの惑星として扱うか、12ハウスの惑星として扱うかが問題です。土星と木星は区別しなければなりません。どちらも12ハウスです。でも土星はアセンダントと同じサインですから、土星にとって12ハウスにあることは木星ほど悪くはありません。火星は1ハウス。でもアセンダントとは異なるサインですから、1ハウスの惑星ではありません。もしこれがホラリーチャートなら、火星は質問者の表示星とはなりません。惑星がアングルの近くにあっても、アングルと異なるサインにある場合は、アンギュラーとは呼べないのです。例えば、MCが双子座29度のチャートで、蟹座1度にある惑星はアンギュラーではありません。

　アンギュラーではなくても、10ハウスの惑星になることはあるでしょうか？　あります。蟹座全体が10ハウスでインターセプトされている場合や、アセンダントが天秤座のチャートでは、蟹座は10ハウスのサインとなります。

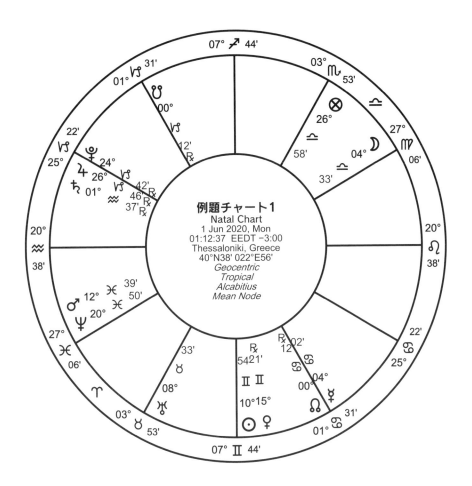

例題チャート1
Natal Chart
1 Jun 2020, Mon
01:12:37 EEDT -3:00
Thessaloniki, Greece
40°N38' 022°E56'
Geocentric
Tropical
Alcabitius
Mean Node

例題チャート2をご覧ください。レジオモンタヌス方式のチャートです。MCが乙女座29度51分。月は10ハウスの天秤座。もし天秤座が10ハウスをインターセプトしていたら、月と金星（天秤座ルーラー）と水星を、10ハウスの表示星として扱います。でも天秤座は10ハウスをインターセプトしていません。もし山羊座がアセンダント・サインであれば、天秤座はアセンダントから10番目のサインですから、そのときは月も10ハウスの表示星としていたでしょう。このチャートでは、水星のみが10ハウスの表示星です。水星はルーラーであり、10ハウスのアルムーテンです。そして射手座が上昇している時は、乙女座が10ハウスのサインとなります。10ハウスは、ほとんどが天秤座の度数で構成されているため、リリーならば水星と金星の両方を10ハウスの表示星としたでしょう。

　残りの惑星はどうでしょう。サウスノード、木星、冥王星は2ハウスにあります。土星は3ハウスの惑星、あるいはアセンダントとアスペクトする2ハウスの惑星でもあり、木星よりも有利な位置にあります。海王星は4ハウスのアンギュラーです。私なら火星も4ハウスの惑星として扱います。天王星は5ハウスにありますが、アセンダントにアスペクトしないので、むしろ6ハウスの惑星です。太陽と金星は7ハウスの惑星。最後に、水星とノースノードは間違いなく8ハウスに属します。あるハウスをインターセプトしたサインがあり、そのサインがアセンダントから見て自然な（サイン同士がアスペクトする関係）位置にある場合、そのサインのドミサイル・ルーラーがカスプ上のサイン・ルーラーよりも優先されます。でも、両方を使うことをお勧めします。

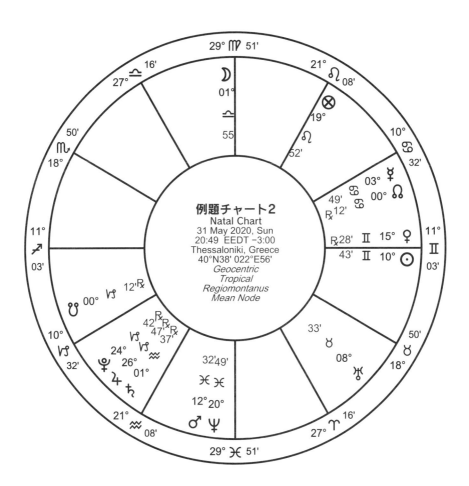

例題チャート2
Natal Chart
31 May 2020, Sun
20:49 EEDT -3:00
Thessaloniki, Greece
40°N38' 022°E56'
Geocentric
Tropical
Regiomontanus
Mean Node

例題チャート3もレジオモンタヌス方式です。

射手座が2ハウスをインターセプトし、射手座はアセンダントから2番目のサインです。ですから、射手座のドミサイル・ルーラーである木星が2ハウスのルーラーとなりますが、火星を使うこともできます。

全てのホラリーチャートにおいて、主要表示星はアセンダント・ルーラーと月です。直近で、アセンダント・ルーラーと月に何が起きるかを見つけることで、ほとんどの場合は答えが得られるでしょう。私はアセンダントは質問者ではなく、質問そのものであると考えています。ですから、常にそのルーラーに何が起きるかを確認します。質問者が第三者について尋ねていたとしても、アセンダント・ルーラーは必ずチェックします。なぜなら、質問者は質問に深く関わっていますし、その表示星に何か悪いことが起きるのであれば、質問の結果には良くありません。

月を単に質問者の共同表示星として扱わないでください。月はホラリーチャートで最も重要な天体であり、チャート全体の共同表示星です。月が質問者の表示星を受容し、幸運なアスペクトをとるのならとても肯定的です。質問者の表示星が別の表示星にアスペクトを形成中、あるいは、どんな場合も月は質問の共同表示星、といった理由で月を軽視するのは間違いです。もし、月が凶星にハードアスペクトし、強いミューチュアル・リセプションがなく、両者のエッセンシャル・ディグニティが低い時、多くの場合で答えはNOです。他の要素を確認する必要はありません。ネガティブな要素を無視しても良いレアケースは、他に極めて幸運な配置がある場合のみです。

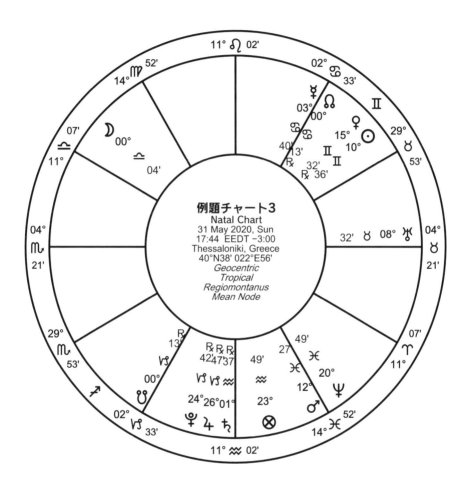

アルムーテンと共同表示星

　特に出生図において、ハウスのアルムーテンを使うことを私は強く支持しています。また、ホラリーでもその有効性があると考えています。ハウスのアルムーテンは、カスプの度数において最も高いエッセンシャル・ディグニティを持つ惑星です。アルムーテンの問題点は、個々の好みのハウスシステムによって変わる可能性があることです。もちろん、アングルは例外です。ですから、私は主にアングルの共同表示星として扱うことが多いです。もちろん、アルムーテンが非常に明確で、どのハウスシステムを使用しても無視できない場合は、アングル以外のハウスカスプでもアルムーテンを使用します。例えば、昼チャートの天秤座と牡羊座のハウス・カスプでは、必ず土星と太陽がそれぞれアルムーテン（または共同アルムーテン）となります。

　最後に、ハウス内の惑星は自動的にハウスの共同表示星となります。またそれらが、ルーラーよりも重要になる時もあります。特に、ルーラーが支配するハウスに、ルーラー自身がアスペクトしていない場合です。例えば前出の例題チャート3では、火星が魚座にあり、5ハウス・カスプに接していますから、木星（ドミサイル・ルーラー、アルムーテン）とともに、火星は5ハウスの表示星となります。

ハウスの表示星まとめ

1. カスプ上のサインのドミサイル・ルーラー

2. カスプ上のサインのアルムーテンまたは共同アルムーテン
   （2つ以上の惑星が同じスコアを持つ場合）主にアンギュラ
   ー・ハウスの場合

3. ハウス内に位置し、カスプ上のサインと同じサインにある
   惑星

4. インターセプトしたサインのドミサイル・ルーラー（がある
   場合）とインターセプトしたサインに位置する可能性のあ
   る惑星

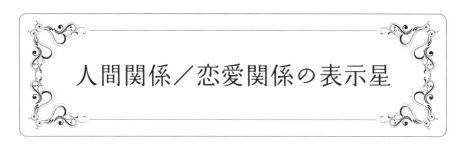

人間関係／恋愛関係の表示星

　質問者は1ハウスとそのルーラー、相手は7ハウスとそのルーラーです。恋愛の質問は、目の前に恋愛感情がない時は無効です。「いつになったら恋愛をするの？」。こうした問いには、出生図を見ることをお勧めします。ホラリーチャートは、質問者の人生にすでに存在している人に対する恋愛感情がある場合にのみ用いてください。

　仮に第三者についての質問であっても、ターンチャート【1】のハウスと合わせて、必ず元となるチャートの1、7ハウスを確認することをお勧めします。また、恋愛の共同表示星として男性に太陽、女性に金星を使わないでください。これらは第三者を表すことがあります。代わりに、一般的な恋愛を表す金星を使用してください。月が金星に幸運なアスペクトを形成中で、しかもリセプションがあれば、非常に良い兆しです。7ハウスの火星は、ほとんどの場合、破局や離婚を示します。　般的にはトランスサタニアンは避けるべきですが、7ハウスのカスプに近い天王星、月と天王星のコンジャンクトはネガティブな配置です。

　恋愛関係の質問には常に7ハウスを使うことをお勧めします。5ハウスを使い性的な事柄と人間関係を区別しないでください。アル・ビルーニとマーシャアラーは、7ハウスを性的結合のハウスとしています。5ハウスは、金星のナチュラル・ハウスであり、喜びのハウスですから、セックスと関係があるかもしれません。でもこれは行為としてのセックスであり、セックスの相手を意味するハウスではないのです。5ハウスが管轄する「賭け」も同じです。質問者の表示星が、賭けの表示星にアスペ

クトするからといって、賭けに勝つというわけではありません。それには、お金の表示星とのアスペクトが必要です。では、質問が正にセックスについてのみで、他人が関与していないのなら、どうなるでしょう？例えば「いつまたセックスするの？」。これは、現在と関係がありませんから無効な質問です。もし、セックスをする可能性のある相手がいるのなら、7ハウスを見てください。

【1】ターンチャートとは？

　質問に応じてチャートのハウスを転回（ターン）すること。例えば、父親の所有物は4ハウスから見て2ハウス目（所有物のハウス）の5ハウスが表し、パートナー（7ハウス）の所有物は2ハウス目の8ハウスが表します。

仕事の表示星

　仕事に関した質問には10ハウスを使います。特に「応募した仕事に就けるか」という質問は「成就」が関係し、世俗的な成功は10ハウスに属しているからです。あなたの上司も10ハウスです。同僚は7ハウスです。あなたのために働く人、つまりあなたが雇っている人は、通常6ハウスに割り当てられます。また、一般的に労働者は6ハウスに属します。

健康の表示星

　質問者の健康、身体は1ハウスです。1ハウスのルーラーは、月とともに質問者の健康状態を決定します。病気は一般的には6ハウスに属しますが、ほとんどのホラリー・チャートで質問者の病気の原因は、アセンダントとアセンダント・ルーラー、そして月に障害を与えている惑星です。医師でない限り、ホラリー・チャートに基づいた診断を控えるよう強くお勧めします。判断は質問者の健康状態が良くなるか否かに限定してください。もし、質問者の表示星がリセプションと共に、幸運なアスペクトを作ろうとしているなら、良くなるでしょう。でも、リセプションを伴わない不運なアスペクトを形成中なら、悪化を示します。死は8ハウスと8ハウスの表示星に属しますが、ハードアスペクトで強いミューチュアル・リセプションがない火星と土星も死を意味します。質問が第三者に関するものであれば、ターンチャートの8ハウスとそのルーラーを死の表示星として使うことができます。例えば、7ハウスが示す人物の健康状態の質問では、2ハウス（7ハウスから見て8ハウス目）も（元チャートの8ハウスとともに）死を意味することがあります。

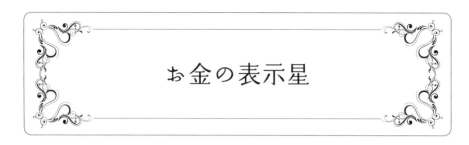

お金の表示星

　2ハウスはお金のハウスです。特定の表示星を求め、チャートを探し回る必要はありません。質問はお金を得ることですか？　それなら、あなたが探しているハウスは2ハウスです。お金の出所はどこでも構いません。賭け事のお金、政府からのお金、つまりは誰からのお金でも、重要なことはあなたの元にお金が来るかるかどうかです。ですから、2ハウスのルーラーが障害を受けているのなら悪い表示で、あなたが必要とする唯一の手がかりであることが多いのです。ただし、こうした判断が不明瞭な時、他人のお金（賭け事の賞金、ローン）は8ハウス、政府からのお金は11ハウスを見てください。第三者の質問であれば、その人のお金について必ずターンチャートの2ハウスを使います。例えば、父親についての質問であれば、父親のお金は5ハウス（4ハウスから2番目）が表します。

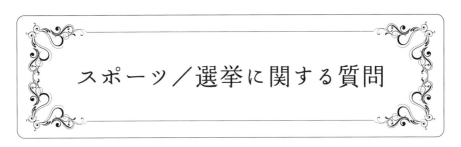

スポーツ／選挙に関する質問

こうした質問は、あなたが支持するチームや選手、候補者、政党に関するものである場合にのみ有効です。賭けをする時、賭けた対象の勝利を尋ねるのは間違いです。それは本当に知りたいことではなく、関心は賭けの結果にあるからです。1ハウスは、あなたが応援しているチームや選手。10ハウスは勝利を表します。選挙の場合も同様です。1ハウスは自分が応援する候補者、10ハウスは勝敗です。このようなチャートでは、恒星レグルスが重要な役割を果たしているようです。レグルスが1ハウスや10ハウスのカスプとコンジャンクトしたり、それらのルーラーとコンジャンクトする場合は、強いネガティブな表示さえも上回ります。

窃盗／紛失物／ペットの行方
などに関する質問

　探偵ごっこはやめましょう。リリーはそれを楽しんでいましたが、ロンドンで盗まれた魚を探し回るのはお勧めしません。自分自身の質問では好きなようにして構いません。でも依頼ならば、盗まれたもの、失ったものが見つるか否かに限定しましょう。仮に「北北西の方角で、水、あるいは何らかの熱源に近い」などと言っても、相談者にはあまり役立ちません。忘れてならないのは、あなたの努力に関わらず、失せ物は見つかるべき時に見つかるということです。主要表示星が、幸運なハウスでリセプションを伴った幸運なアスペクトを形成していれば、失せ物は見つかるでしょう。そうでなければ見つかりません。こうした基本的ルールを守りましょう。また、オリビア・バークレイは紛失と区別し、置き忘れたものがある場所を探す際に4ハウスを使っています。

　ペットについては、常に元チャートの6ハウスを使用し、第三者の質問でもターンチャートを使わないでください。

書籍／出版に関する質問

　もし本を書こうと考えているのなら、「もし書いたら出版される？」とは聞かないでください。これは「〜すべき」と同様の質問です。一般的に、本は高い知識の源として9ハウスに属していますが、あなたの本はあなたにとって高度な知識の源泉ではありません。あなたが書く本はあなたにとって、コミュニケーションと表現手段ですから、3ハウスに配置します。あなたの創造物である本を5ハウスに置くことも、全く意味がないわけではありませんが、私は3ハウスを好んで使います。本を子供に例えるのは難しいと考えているからです。さて、もし「書いている本が出版されるか」との問いであれば、それは「出版社と契約するか」ということです。つまり3／9ハウス（出版社）の問題というよりも、1／7ハウスの問題ですから、3／9ハウスの表示星は二次的な位置付けとなります。

車に関する質問

　一般的に車は3ハウスに属します。でも、どのような文脈で3ハウスを車に適用するかを考えてください。もし旅行についての質問で、それが安全かどうかということであれば、重要なのは1ハウスです。たとえ「車の調子が悪いけど、旅行に行けるか？」といった質問であったとしても、本当に興味があるのは旅行に行けるかどうかであり、3ハウスは必要ないかもしれません。ただこの場合、追加情報として使用することはできます。車の売買に関する質問であれば、2ハウスの方が重要です。

両親に関する質問

　母親も父親も、家族を表す4ハウスに含まれます。太陽（父親）は4ハウスのナチュラル・ルーラーであり、蟹座（母親）はそれに関連するサインです。しかし、多くの場合、父親と母親を区別する必要があります。伝統的に父親は4ハウス、母親は4ハウスから7番目（父親の妻）として10ハウスに属します。

　また、昼チャートでは太陽と金星、夜チャートでは土星と月が父親と母親を表すと言われています。この2つの区別に私は全く納得していません。すべてのチャートにおいて、父親と母親が常に太陽と月で表されていると考えていますし、父の妻という読み方もあまり魅力的ではありません。そこで、父のロット（Asc＋土星−太陽、夜チャートではAsc＋太陽−土星）と母のロット（Asc＋月−金星、夜チャートではAsc＋金星−月）のドミサイル・ルーラーを試すことを提案します。例えば「母のロット」のルーラーが10ハウスのルーラーと一致していれば、その惑星が最も母親を表している可能性が高いということになります。

裁判に関する質問

　相談者はいつものように1ハウス、訴訟相手は7ハウス、裁判官は10ハウス、問題の結末は4ハウスで示されます。この問題は1／7ハウスで扱います。10、4ハウスは、たいてい物事を複雑にするため、除外することをお勧めしています。質問者の表示星が次にどうなるかを確認すれば、ほとんどの場合、答えが得られるでしょう。映画脚本を書くことは避け、物語の詳細は必要ないことを覚えておきましょう。勝つのは誰か、必要なのはそれだけです。詳細は、裁判所の判決に委ねましょう。

友人に関する質問

　一般的な人々を表すのは、11ハウスではなく、7ハウスです。11ハウスは信頼がおけ、いざというときに頼りになる少数の人に確保すべきでしょう。一般的な友人、知人は7ハウスに属します。

一般的なホラリー質問に対応するハウスの意味

1ハウス	質問者、身体、健康
2ハウス	お金、移動可能な品物
3ハウス	兄弟、いとこ、仲間、コミュニケーションの方法
4ハウス	両親(主に父親)、不動産
5ハウス	子供、娯楽の場
6ハウス	病気、小動物、労働者
7ハウス	配偶者・恋愛感情、契約、紛争、窃盗犯
8ハウス	死、ローン、他人のお金
9ハウス	海外旅行、宗教、高等教育
10ハウス	仕事、上司、成功、勝利
11ハウス	非常に親しい友人、希望、信頼、野心
12ハウス	自己崩壊、投獄、未知の敵、大きな動物

ヒント

　些細なことで表示星を探しまわるのはやめましょう。最近はどんなことでもハウスを特定しなければならない、という誤解が広まっています。リリーの時代とは世界が変わったと嘆き、現代のニーズに合わせてハウスを物事に割り当てられないという人もいます。悩む必要はありません。繰り返しになりますが、ホラリーで最も重要な表示星は、アセンダントのルーラーと月です。これらの表示星がリセプションと共に幸運なアスペクトを形成していれば、どのようなハウスに属していても、大抵は質問されたものを手に入れるでしょう。そうでなければ、手にはできません。この極めて基本的な原則から外れるチャートは稀ですし、そうした場合はほとんどのチャートが無効です。これについては後の章で詳しく解説します。

ステップ3
表示星を評価する

これから表示星を3つの方法で評価します。

　まず、在室するサイン、あるいはサイン内の度数が表示星に適合しているかを調べます（エッセンシャル・ディグニティ）。次に、表示星の位置と他の惑星との関係（アクシデンタル・ディグニティ）。そして最後に、他の天体からの助力を調べます（リセプション）。

エッセンシャル・ディグニティ

　ディグニティには天体が自宅と感じるサイン、「ドミサイル（本拠地）」があります。すべての惑星は2つのドミサイルがあり、太陽と月にはひとつずつドミサイルがあります。土星のドミサイルは山羊座と水瓶座、木星は射手座と魚座、火星は牡羊座と蠍座、金星は牡牛座と天秤座、水星は双子座と乙女座、月のドミサイルは蟹座です。ドミサイルの対向サインは、その惑星にとって大きなデメリットのある場所と言われています。土星は蟹座と獅子座でデトリメント。木星は双子座と乙女座、火星は牡牛座と天秤座、太陽は水瓶座、金星は牡羊座と蠍座、水星は射手座と魚座。そして月は山羊座です。

点数 ドミサイルの惑星には5点を与えます。この点数はアルムーテンで使用されます。

　2番目に強いディグニティはエグザルテーションです。惑星にとって自宅ではありませんが、そこでは名誉ある賓客のような存在になります。土星は天秤座、木星は蟹座、火星は山羊座、太陽は牡羊座、金星は魚座、水星は乙女座（同時に水星のドミサイルでもあります）、月は牡牛座です。

エグザルテーションの対向サインは、惑星がフォール（転落）となるネガティブな場所です。土星は水瓶座でフォール、木星は山羊座、火星は蟹座、太陽は天秤座、金星は乙女座、水星は魚座（デトリメントと同じ）、そして月のフォールは蠍座です。

エグザルテーションの惑星には4点を与えます。

　それぞれのサインは、エレメントに基づくトリプリシティに属しています。占星術には4つのエレメントがあります。火（牡羊座、獅子座、射手座）、地（牡牛座、乙女座、山羊座）、風（双子座、天秤座、水瓶座）、水（蟹座、蠍座、魚座）です。それぞれのトリプリシティは、昼チャートと夜チャートで、ルーラーが異なります。昼チャートは太陽が地平線より上、つまり1／7ハウス軸よりも上にあり、12、11、10、9、8、7ハウスに入っています。夜チャートは、太陽が地平線より下、つまり1／7ハウス軸よりも下にあるチャートで、太陽は6、5、4、3、2、1ハウスにありあます。　火のサインの惑星は、昼チャートでは太陽がトリプリシティ・ルーラーとなり、夜チャートでは木星がトリプリシティ・ルーラーとなります。昼チャートで地の星座にある惑星は、金星がトリプリシティ・ルーラーで、夜チャートでは月がルーラーです。昼チャートで風サインは、土星がトリプリシティ・ルーラーで、夜チャートのルーラーは水星です。最後に、水サイン。昼チャートは金星がトリプリシティ・ルーラー、夜チャートのルーラーは火星です。もうおわかりかと思いますが、私はプトレマイオスのものではなく、ドロセウスのトリプリシティを使用しています。なぜなら、水サインで火星が昼夜両方のルーラーになるのは、控えめに言っても道理に叶っていません。

惑星が自身のトリプリシティにある場合は3点を与えます。

どのサインにも、（太陽と月を除く）それぞれの惑星が自分の居心地の良い度数があります。各サインは5つの不均等な領域に分けられ、5惑星はそれぞれ特定の領域を支配しています。これをタームまたはバウンドと呼びます。5惑星（土星、木星、火星、金星、水星）は、全サインで不均等に分割された領域を支配しています。惑星が自身の領域にある時、ある程度のディグニティを有し、これをタームにあると呼びます。私はエジプシャンタームを使用しています。というのも、プトレマイオスが古いターム表を見つけたという話に信憑性がないからです。下の表は、エジプシャン・タームです。学習者が最も苦労するのはこの表です。エジプシャンとトレミーの読み方を解説しましょう。

エジプシャン・ターム表

S	1		2		3		4		5	
♈	♃	6	♀	6(12)	☿	8(20)	♂	5(25)	♄	5(30)
♉	♀	8	☿	6(14)	♃	8(22)	♄	5(27)	♂	3(30)
♊	☿	6	♃	6(12)	♀	5(17)	♂	7(24)	♄	6(30)
♋	♂	7	♀	6(13)	☿	6(19)	♃	7(26)	♄	4(30)
♌	♃	6	♀	5(11)	♄	7(18)	☿	6(24)	♂	6(30)
♍	☿	7	♀	10(17)	♃	4(21)	♂	7(28)	♄	2(30)
♎	♄	6	☿	8(14)	♃	7(21)	♀	7(28)	♂	2(30)
♏	♂	7	♀	4(11)	☿	8(19)	♃	5(24)	♄	6(30)
♐	♃	12	♀	5(17)	☿	4(21)	♄	5(26)	♂	4(30)
♑	♀	7	♃	7(14)	♀	8(22)	♄	4(26)	♂	4(30)
♒	♀	7	♀	6(13)	♃	7(20)	♂	5(25)	♄	5(30)
♓	♀	12	♃	4(16)	☿	3(19)	♂	9(28)	♄	2(30)

1列目は牡羊座のタームです。最初の領域の支配惑星は木星です。木星の隣の数字は木星が支配する度数で、最初の6度を木星が統治しています。つまり、木星の統治領域は牡羊座の0度00分から5度59分。その次は金星。金星は6度（横の最初の数字）から12度（カッコ内の数字）までを支配していることがわかります。つまり牡羊座の6度00分から11度59分です。次に水星。水星は次の8度（20度まで）を支配しています。

　例えば、獅子座21度17分の惑星が、どの惑星のタームにあるかを知りたい時、獅子座の列を見ます。最初の6度は木星が管轄し、次に11度までは金星、18度までは土星、24度までは水星が支配することがわかります。あなたの星は獅子座21度17分、つまり18度と24度の間。水星は獅子座の18度00分から23度59分までを支配していますから、あなたの惑星は水星のタームにあります。

　さて、なぜ多くの占星術師が勧める6度00分ではなく、本書では5度59分とするのでしょう。各行の末尾の数字は30です。でも、30は実際には次のサインの0度00分ですから、そこでタームのルーラーが変わり、最後の領域のルーラーは29度59分で役割を終えます。つまり30度はなく6度もありません。さて、タームはマイナー・ディグニティ（弱い品位）と考えられていますが、私は特に出生図においてとても重要と考えています。リリーは惑星に2ポイントを与えていますが、トリプリシティよりもタームの方が強いというのが私の見解です。

点数 惑星が自身のタームにある場合は2点を与えます。

　最後はフェイス。ディグニティ表の中では最も弱い影響力です。ここでサインは10度ずつの3等分に分割され、太陽と月が再びルーラーとして登場しました。牡羊座の最初（0度00分〜09度59分）には、牡羊座

のルーラーである火星が割り当てられます。それ以降、フェイスを支配する惑星はカルディアン・オーダーの順序（土星、木星、火星、太陽、金星、水星、月）に従います。つまり、牡羊座の2番目は火星の次に位置する太陽が支配し、3番目は金星が支配します。牡牛座の最初は水星、牡牛座の2番目は月、3番目は土星が支配するといった具合になります。

点数 リリーはフェイスの惑星に1点を与えています。フェイスの影響力は弱く、他の場所にディグニティがある時、フェイスがそれを少し強化しますが、単体では無視して構いません。

ある惑星は、エッセンシャル・ディグニティ【隆盛するという意味がありますが、以降「品位」とします】とデビリティ（衰弱）の両方を持

エッセンシャル・ディグニティ表

サイン	ドミサイル		エグザルテーション		トリプリシティ		ターム（バウンド）					
					D	N						
♈	♂	D	☉	19	☉	♃	♃	6	♀	6(12)	☿	8(20)
♉	♀	N	☽	3	♀	☽	♀	8	☿	6(14)	♃	8(22)
♊	☿	D	☊	3	♄	☿	☿	6	♃	6(12)	♀	5(17)
♋	☽	D/N	♃	15	♀	♂	♂	7	♀	6(13)	☿	6(19)
♌	☉	D/N			☉	♃	♃	6	♀	5(11)	♄	7(18)
♍	☿	N	☿	15	♀	☽	☿	7	♀	10(17)	♃	4(21)
♎	♀	D	♄	21	♄	☿	♄	6	☿	8(14)	♃	7(21)
♏	♂	N			♀	♂	♂	7	♀	4(11)	☿	8(19)
♐	♃	D	☋	3	☉	♃	♃	12	♀	5(17)	☿	4(21)
♑	♄	N	♂	28	♀	☽	☿	7	♃	7(14)	♀	8(22)
♒	♄	D			♄	☿	☿	7	♀	6(13)	♃	7(20)
♓	♃	N	♀	27	♀	♂	♀	12	♃	4(16)	☿	3(19)

つ場合があります。この2つが重なる時、常に品位が勝りますが、フェイスだけの場合はデビリティが勝ります。例えば、乙女座の金星は、昼チャートではトリプリシティ（品位）とフォール（衰弱）を併せ持ちます。リリーの採点システムでは、フォールがマイナス4、トリプリシティが＋3なので、この金星を弱いという人もいます。個人的にはそうではないと考えています。なぜなら、占星術は算数ではありません。重要なことは、惑星が品位を持っている点です。こうした場合の衰弱は意味が変わります。乙女座の金星は敵対的な場所にいます。でもトリプリシティであれば、敵地であったとしても、そこは敵地で最も安全な場所なのです。金星が十分に機能するにはこれで十分です。

　ドロセウスのトリプリシティ・ルーラーとエジプシャン・タームを使うエッセンシャル・ディグニティ表を参照してください。

ターム（バウンド）				フェイス						デトリメント	フォール
♂	5(25)	♄	5(30)	♂	10	☉	20	♀	30	♀	♄
♄	5(27)	♂	3(30)	☿	10	☽	20	♄	30	♂	
♂	7(24)	♄	6(30)	♃	10	♂	20	☉	30	♃	
♃	7(26)	♄	4(30)	♀	10	☿	20	☽	30	♄	♂
☿	6(24)	♂	6(30)	♃	10	♃	20	♂	30	♄	
♂	7(28)	♄	2(30)	☉	10	♀	20	☿	30	♃	♀
♀	7(28)	♂	2(30)	☽	10	♄	20	♃	30	♂	☉
♃	5(24)	♄	6(30)	♂	10	☉	20	♀	30	♀	☽
♄	5(26)	♂	4(30)	☿	10	☽	20	♄	30	☿	
♄	4(26)	♂	4(30)	♃	10	♂	20	☉	30	☽	♃
♂	5(25)	♄	5(30)	♀	10	☿	20	☽	30	☉	
♂	9(28)	♄	2(30)	♄	10	♃	20	♂	30	☿	☿

例を挙げましょう。

1）夜チャートで天秤座12度にある惑星は、金星のドミサイル、土星のエグザルテーション、水星のトリプリシティ、水星のターム、土星のフェイスにあります。

2）昼チャートで水瓶座26度にある惑星は、土星のドミサイル、土星のトリプリティ、土星のターム、そして月のフェイスにあります。

エッセンシャル・ディグニティでは、2つに注目します。
1）惑星が自分自身のディグニティを有しているか
2）自分の惑星が他のどの惑星のディグニティの中にいるか
例えば、蠍座18度の水星は自身のタームにあり、水星を強化しています。蠍座は水星にとって「良い」サイン（ドミサイル、エグザルテーション）ではありません。蠍座の水星は、火星のドミサイルにあります。もし火星と水星が調和アスペクトを形成中ならば、火星が水星を受け入れ、水星を助けることになります。また、火星が水星のディグニティの1つ以上に入っていれば、相互に受け入れられることになり、水星にとって大きな助けとなります。リセプションについては後述します。

ハウスのアルムーテンは、ハウス・カスプの度数において、最も品位の高い（総合得点の高い）惑星のことです。前述の例（天秤座12度）では、金星がドミサイルで5点、水星も5点（トリプリシティ3点、ターム2点）、最後に土星も5点（エグザルテーション4点、フェイス1点）を獲得しています。つまり、夜チャートでは、この3つの惑星が共同アルムーテンとなります。
2番目の例では、土星が最も多くのポイント（9点）を獲得しています。土星はドミサイル・ルーラーであるだけではなく、水瓶座26度をカスプに持つハウスのアルムーテンでもあります。私は実践において、ドミサ

イル・ルーラーと、アンギュラー・ハウスのアルムーテンのふたつを表示星として使っています。

　リセプションの前に、アスペクトについて触れておきましょう。アスペクトは、2つのサイン同士で特定の度数を持つ関係のことです。60度離れている場合、そのアスペクトをセクスタイルと呼びます。例えば、牡羊座と双子座は、牡羊座の各度と双子座の同じ度数は60度離れているため、セクスタイルです。**牡羊座の1度と双子座の30度の話であっても、牡羊座全体が双子座全体とセクスタイルを形成する点に注意してください。**

　90度離れているサイン、例えば牡羊座と蟹座はスクウェアを形成します。120度離れているサイン、例えば牡羊座と獅子座はトラインを形成します。最後に、180度離れた反対側のサインです。例えば牡羊座と天秤座はオポジションを形成します。これらのサインにある惑星は、自分のいるサインに応じたアスペクトに関与することになります。例えば、牡羊座の惑星と獅子座の惑星は、トライン・アスペクトを形成します。それぞれのサインの同じ度数にある場合、そのアスペクトをパーティル（partill／partile）と呼びます。言い換えれば完全一致したアスペクトです。速度の早い惑星が、遅い惑星の後からやってきて、それに追いつく時、接近アスペクトと言います。速い方の惑星が遅い方の惑星よりも度数が先行し、両者の距離が離れるのを分離アスペクトと言います。ホラリーにおいて接近するアスペクトは未来の出来事を、分離するアスペクトは過去の出来事を表します。

　技術的にはアスペクトではありませんが、惑星間の関係にはアスペクトのように扱われるものがあります。それは、2つの惑星が同じサインにある「コンジャンクション（合）」です。これは惑星間の関係の中で最も強力なものと考えられています。

　さて、アスペクトは度数に関係なく、2つ（またはそれ以上）の惑星

が適切なサインにあれば成立します。蠍座10度の惑星は、蠍座29度の惑星とコンジャンクトし、獅子座2度の惑星は射手座22度の惑星とトラインを形成します。しかし、アスペクトを決定する正確な度数（トラインの場合は120度、スクウェアの場合は90度など）から大きく離れた惑星が形成するアスペクトは、ほとんど効果がないため、オーブという概念が導入されました。リリーはその著書の中で、すべての惑星のオーブの表を紹介しています（すべての惑星が同じオーブを持っているわけではありません）。リリーが行ったのは、2つの惑星のオーブを足して、その合計を半分（モイエティ）にすることでした。ですから、例えばある惑星のオーブが8度で、もう一方の惑星のオーブが12度の場合、この2つの間のアスペクトは、オーブが10度（12+8／2）以下の場合に有効となります。広いオーブには効果がないと断言はできませんが、どの惑星でも12度以上のオーブは個人的には信頼を置いていません。特に月は、次のアスペクトから15度以上離れている場合はボイドとみなしています。

リセプション

　さてチャート内の全惑星が、どの惑星のディグニティにあるか、また
より良い自身のディグニティにあるかを見てきました。こうした場所で
力（品位）を持つ惑星をディスポジター（受容星）と呼びます。例えば、
夜チャートで牡羊座2度にある水星を考えてみましょう。この時、火星
はドミサイルとフェイスのルーラー、太陽がエグザルテーションのルー
ラー、木星はトリプリシティとタームのルーラーです。これら3つの惑
星（火星、太陽、木星）を水星のディスポジターと呼び「水星を受容」
するのです。

1 水星が、ある惑星のドミサイルやエグザルテーションと同じサ
インにある時。

　例えば、水星と火星が牡羊座にある時、火星は水星を受容し、水星に
とってその助けは大きなものとなります。これは最高の片側リセプショ
ン（シングル・リセプション〜片方の惑星だけが受容する場合）です。こ
の時、水星が火星にアスペクトを形成する必要はなく、両者が火星のサ
インにあるだけで十分です。ただし、山羊座の月や木星のように、惑星
がデトリメントやフォールの時は別です。この場合、月や木星は敵に完
全降伏している状態に似ています。土星は月や木星を受容しますし、土
星は助力するかもしれません。でも、その助けはむしろ監禁状態に似て
いるのです。もっとも、これが水瓶座や天秤座で起きるのなら、ずっと
良いのですが。

2 水星とディスポジターの間に調和アスペクト（トライン／セクスタイル）が形成されている時。

　ディスポジターは水星を助け、どのチャートにおいても幸運の表示となります。

3 水星とディスポジターである吉星（木星、金星）との間に、不調和アスペクト（オポジション／スクウェア）が形成される時（もちろん、水星は金星とオポジションになることはありません）。

　この例では、水星は火星・太陽・木星のディグニティにあり、吉星は木星だけです。水星が太陽や火星に不調和アスペクトを形成しているのなら、片側リセプションだけでは良い表示とは言えません。しかし、木星にアスペクトを形成していれば助けになります。最高の配置ではないかもしれませんが、吉星（この場合は木星）の状態が非常に良い場合、つまりエッセンシャル・ディグニティが複数あり、他の配置もこれを補強していれば、肯定的な結果となるでしょう。しかし、オポジションは常に問題があります。良い結果を得るには、両惑星のエッセンシャル・ディグニティの他に、両惑星に対してトラインとセクスタイル、できればリセプションを伴ってアスペクトする第三の惑星が必要です。

　リセプションがフェイスのみの時は無視して構いません。助力は期待できないからです。ディスポジターとのアスペクトが分離しているのなら、片側リセプションはほとんどの場合は無視します。アスペクトまでの度数がとても近く、惑星が作る最後のアスペクトの場合には、多少の助けになることがありますから、注目すべきでしょう。惑星が凶星（火星・土星）、あるいは太陽とハードアスペクトで接近しているのなら、非常にネガティブで、片側リセプションでは良い結果をもたらすには不十分です。

この水星のように、惑星が自身のディグニティのいずれにも属さない時を「ペレグリン」と言います。リリーは深刻な衰弱と考え、ペレグリンをマイナス5点としました。しかし私は、もし表示星が、別の惑星にフェイス以外のディグニティで受容され、その惑星とアスペクトを形成しているのであれば、ペレグリンは無視できると考えています。

　2つの惑星がお互いのディグニティにある時、ミューチュアル・リセプションと呼びます。水星が火星のドミサイルとフェイスにあり、火星が蟹座18度で水星のフェイスにあれば、両者はお互いに受容し助ける関係です。【一部のモダン占星術における「入れ替え」という概念とは全く異なります】通常、ミューチュアル・リセプションはアスペクトを必要とせず（これに異論を唱える人もいます）、どちらの惑星にとっても良いことです。もちろん、ディグニティが強いほど良く、吉星とのスクウェアはミューチュアル・リセプションであれば気にする必要はありませんし（オポジションは常に面倒です）、凶星とのスクウェアやコンジャンクションであっても、ドミサイルかエグザルテーションでミューチュアル・リセプションの場合も同様です。例えば、天秤座の金星と土星の合、牡羊座の月と蟹座の火星のスクウェアです。

リセプション事例チャート

リセプションチャート 1

　木星は水瓶座で、土星のドミサイルと昼のトリプリシティにあります。土星は、木星のどのディグニティにも入っていないため、木星は土星を受容できません。でもこれは、最強の片側リセプションを伴うコンジャンクションです。木星が土星のルールを守ることを条件に、土星はゲストである木星を敵から守るでしょう。ホット／モイスト・熱／湿（65頁別表参照）なサインの水瓶座では、土星はより柔軟で、山羊座のような厳格さはありません。この前年、山羊座で同じようなリセプションがありました。山羊座は木星にとって、かなり親和性の低い場所です。土星が山羊座の木星に提供した助力は、木星の性質に反していますから、あまり喜ばれません。

　このチャートには、同じタイプのリセプションがあります。魚座の水星は、金星のエグザルテーション・サインにあり、コンジャンクションで受容されています（水星は金星のトリプリシティとタームにも入っています）。繰り返しになりますが、惑星の接近・分離は問題ではなく、コンジャンクションのリセプションに必要なのは、同じサインにあることだけです。水星は金星から大きな協力を与えられ、先ほどの例とは異なり金星は吉星です。水星と金星はもともと敵同士ではありませんから、デトリメントやフォールを無視しても大丈夫です。

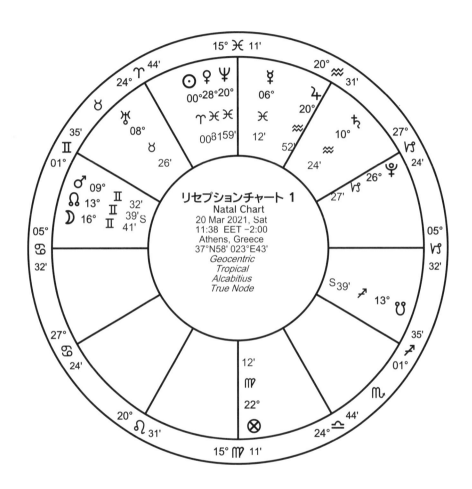

リセプションチャート 1
Natal Chart
20 Mar 2021, Sat
11:38 EET −2:00
Athens, Greece
37°N58' 023°E43'
Geocentric
Tropical
Alcabitius
True Node

一方で、火星とのスクウェアはどうでしょう。水星は火星を受容し、何らかの助けを提供しようとします。でもアスペクトの性質から、実際の助力はほとんど受けられません。ただし、このアスペクトで火星が障害を受けることもありません。これは、水星から受容されていること、水星が凶星ではないからです。とはいえ、火星が助けられることもありません。また、火星はディグニティを持たない凶星で、ミューチュアル・リセプションではありません。そのため、水星はこのスクウェアから障害を受けます。水星と火星が相談者と相談事項の表示星であれば、答えはNOです。

　このチャートには、火星と土星の間にも形成中アスペクトがあります。アスペクトはトライン、そしてリセプションもあります。火星にとって土星はトリプリシティの受容星（ディスポジター）です。火星は土星に接近していますから、土星は火星を十分に受容し助けています。特に水瓶座の土星は状態が良いので助力が期待できます。しかし、両者とも悪いハウスにあり（土星は9ハウスのカスプと同じサインにあります。でも、アセンダントにアスペクトしないため、土星は8ハウスにあると見なします）、このトラインでは十分な効果が得られず、他の助けが必要になるかもしれません。さて、もし火星が土星にトラインを形成する前に、水星が火星とスクウェアを作れば、トラインは妨げられます。でも、このチャートの火星は、土星と最初にアスペクトを完成します。

	ホット 熱	コールド 冷
モイスト 湿	♊♎♒	♋♏♓
ドライ 乾	♈♌♐	♉♍♑

リセプションチャート 2

　木星はデトリメントで逆行していますが、水星の助けを受け（ドミサイルのミューチュアル・リセプション。アスペクトはオポジションのため助力は限定的です）、その水星は魚座でアンギュラーの金星に強く支えられています（コンジャンクションによるリセプション）。しかし、木星は土星とのスクウェアを形成中。土星はドミサイルの木星に受容されています。でも不調和のスクウェアですから、ドミサイルかエグザルテーションのミューチュアル・リセプションが必要でしょう。もし木星と土星が主要表示星であれば、答えはNOです。

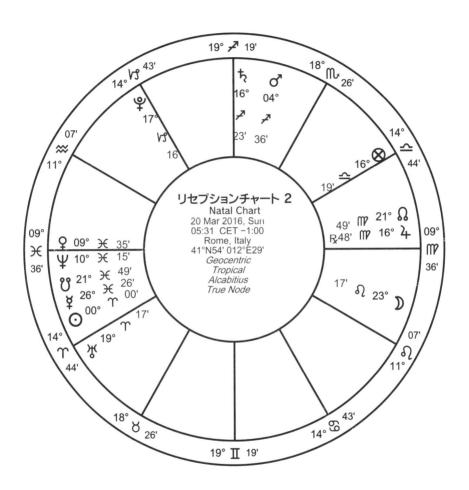

リセプションチャート 2
Natal Chart
20 Mar 2016, Sun
05:31 CET −1:00
Rome, Italy
41°N54' 012°E29'
Geocentric
Tropical
Alcabitius
True Node

リセプションチャート 3

　リセプションは、片側でも相互でも大歓迎ですが、場合によって提供される助力が弱いことがあります。これはそうしたケースです。火星は土星のエグザルテーションにあり、土星は火星のドミサイルとトリプリシティにあります。この種のミューチュアル・リセプションは非常に強いのですが、このケースでは、両者ともに逆行する凶星で、互いにアスペクトせず（ミューチュアル・リセプションにアスペクトは必要ありませんが、もしあれば強力です）、火星はデトリメントにあります。どちらの惑星も相手からの大きな助けは期待できません。

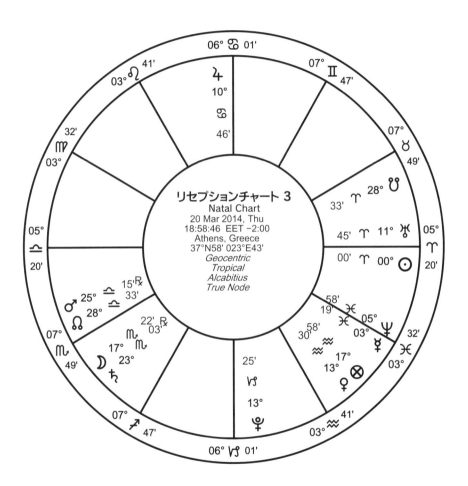

リセプションチャート 3
Natal Chart
20 Mar 2014, Thu
18:58:46 EET −2:00
Athens, Greece
37°N58' 023°E43'
Geocentric
Tropical
Alcabitius
True Node

水星と木星のドミサイルのミューチュアル・リセプションです。これは先の例とは異なります。木星も水星も凶星ではなく、どちらも順行です（水星の次なる直近アスペクトは土星とのトラインですが、トラインは障害にはなりません）。ただし、アスペクトはスクウェアで、両星ともにデトリメントです。もし、この2つの惑星が主要表示星であれば、そのままYESとはならず、他の要素を検討しなければなりません。

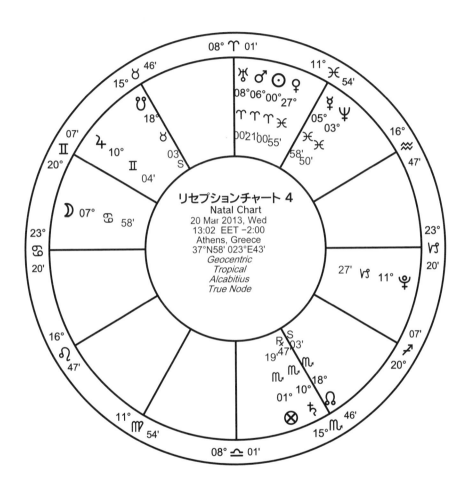

リセプションチャート 5

　月と木星は、ドミサイルとエグザルテーションの間で非常に強いミューチュアル・リセプション。とても幸運なことです。残念なことに、月の次なる直近アスペクトは木星ではなく、逆行する凶星の火星とのオポジションです。もし月と火星が強いミューチュアル・リセプションで、木星と金星がセクスタイルやトラインで対向する月と火星を助けていれば、オポジションを和らげたかもしれません。現状では、月と木星のセクスタイルは火星に妨げられ、火星はアセンダントのドミサイル・ルーラーでもあるため、質問が何であれ、答えはNOでしょう。言うまでもなく、逆行でコンバストの水星では、ミューチュアル・リセプションであっても、火星を助けるのは困難です。

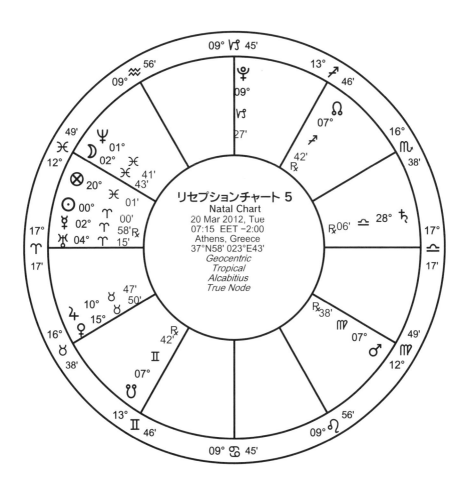

09° ♑ 45'

09° ♒ 56'

13° ♐ 46'

♇ 09° ♑ 27'

☊ 07° ♐ 42' Rx

49' 12' ♆ ☽ 01° 02' ♓

16° ♏ 38'

⊗ 20° 43' 41' ♓

01'

17° ♈ 17'

☉ 00° ☿ 02' ♈ ♅ 04° 00' 58' Rx 15' ♈

リセプションチャート 5
Natal Chart
20 Mar 2012, Tue
07:15 EET −2:00
Athens, Greece
37°N58' 023°E43'
Geocentric
Tropical
Alcabitius
True Node

♄ 28° ♎ 06' Rx

17° ♎ 17'

♃ 10° ♀ 15° ♉ 47' 50'

42' Rx

♊ 07°

16° ♉ 38'

☋ 07° ♍ 38' Rx

♂ 07° ♍ 12'

49' ♍

09° ♌ 56'

☊ 13° ♊ 46'

09° ♋ 45'

リセプションチャート 6

　山羊座の月と魚座の水星のセクスタイルです。調和アスペクトですが、セクスタイルはトラインよりも弱く、両星が強いエッセンシャル・ディグニティを有している場合を除いて、YESを得るには少なくとも片側リセプションが必要です。月と水星の品位は衰弱し、セクスタイルだけでは不十分です。

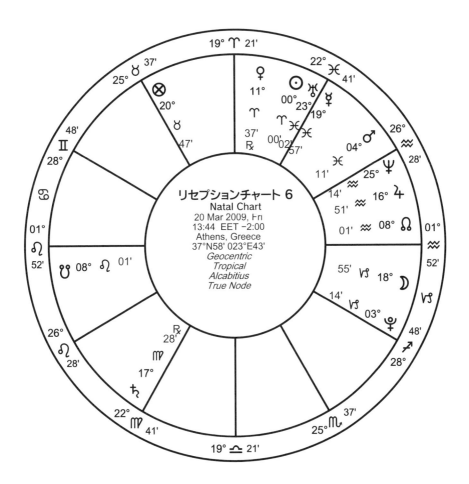

リセプションチャート 6
Natal Chart
20 Mar 2009, Fri
13:44 EET −2:00
Athens, Greece
37°N58' 023°E43'
Geocentric
Tropical
Alcabitius
True Node

アクシデンタル・ディグニティ

　アクシデンタル・ディグニティは、サインとは関係なく、主にチャート内の惑星の位置、そして他の惑星との関係性から導きます。

　すでに述べたように、惑星にとって良いハウスはアンギュラー・ハウス、そして5ハウスと11ハウスです。3と9ハウスのケイデント・ハウス（アンギュラーから下降するハウス）、また、2と8ハウスのようにアセンダントにアスペクトしないハウスは弱い場所です。最悪のハウスは6と12です。いずれもケイデントで、アセンダントとアスペクトしません。以上が基本ルールですが、ステップ2で述べたように、惑星がいるサインが、アセンダントとアスペクトしているかを確認してください。また、惑星が吉星と太陽にトラインまたはセクスタイルならば常に良く、凶星と太陽にオポジション、コンジャンクション、スクウェアでは悪く、リセプションがない場合は特に注意が必要です。太陽との合は深刻でコンバストと呼びます。これは、惑星が太陽の前後8度または8度30分内にあるときに起こります。一方、惑星が太陽にとても近く17分内にある場合は、とても幸運なこととされ、カジミと呼ばれています。著者の中には、カジミの瞬間に惑星が黄道上にあることを条件とする人もいます。これは同じ黄道度上にあるだけではなく、緯度も17分以内であることを意味します。この説は理屈に合っています。【見かけ上、太陽の中に惑星が完全に収まっている状態です。訳者は基数16分を使用しますが、原書に従い17分とします】
　太陽からの距離が17度未満で8度以上の惑星をアンダーザビームと呼びます。これも障害ですが、コンバストほどには深刻ではありません。

これらの道理に従うと、惑星は常に太陽から遠くにいるのが良いということになります。外惑星（火星、木星、土星）は、オリエンタル（東方）、つまり黄道上で太陽よりも後ろにある方が良いとされています。なぜなら、太陽は外惑星よりもずっと動きが速く、太陽が動くほど外惑星から遠ざかるためです。対照的に、内惑星（水星と金星）は、通常、太陽よりも移動速度は速く、オクシデンタル（西方〜黄道度数で太陽よりも前方）にある時に太陽から離れていくことから、オクシデンタルが良いとされます。月も太陽から遠ざかる必要がありますから、オクシデンタルにある時、つまり満月に向かう増光中が良いのです。コンジャンクション（新月）の瞬間からオポジション（満月）まで月の光は増します。満月を過ぎると光量が減り、太陽に近づいていくことから、一般的には悪い状態です。もちろん、実際の太陽と月の距離に大きく左右されます。

　また、惑星が順行し、地球から見て逆行しているように見えない場合も良いとされます。リリーは逆行を重大な衰弱と考えていました。さらに、惑星の動きが平均速度よりも速いことも大切です。太陽、水星、金星の平均速度は1日に1度、月は1日に13度半ほど、火星は1日に32分、木星は1日に5分、土星は1日に2分ほど動きます。それらが平均速度よりも遅い場合、衰弱とみなします。

　次の例題チャート4では、水星は太陽から17分以下の距離（6分）にあるカジミです。黄道の経度ではカジミですが、水星は南緯4度26分（4S 26）とページ右下に記載され、緯度ではカジミではありません。前述のように、著者によってはカジミとするには、緯度も17分以下の必要があるとしています。また、水星のシンボルのRは、水星の逆行を示しています。月は太陽から遠ざかるに従い光量を増し、移動は速く、満月になるまでにかなりの時間があります。木星は、太陽が遠ざかるオリエンタルです。太陽とのオポジションを完成後、木星はすぐにオクシデンタル（西方）になります。木星よりもはるかに速い太陽が木星に近づいていくのです。

2段目、左の表で惑星の速度を見てください。太陽は1日0度57分と最も遅い移動速度ですが、速度が安定しているため、速いとも遅いとも言えません。水星は逆行しています。逆行の時、速さによるポイントの得失点はありません。これは土星と木星も同様です。火星は平均的なスピードで動き、金星は非常にゆっくりですが、スピードを上げつつあります。それがわかるのは、金星が順行で太陽の向こう側にいるからです。やがて太陽に追いつき、追い越します。もし金星が同じ速度でも、黄道上で太陽より先行していれば、金星は減速し、まもなく逆行することを意味しています。

example chart four
Thessaloniki, Greece
Time Zone: 2 hours East

July 1, 2020
40 N 38   22 E 56
Tropical Alcabitius
NATAL CHART

4:18:31
Daylight Saving Time
Geocentric

	Helio Long.	Helio Lat.	Helio Sider
⊕	9 ♑ 41	0 S 00	15 ♐ 32
☿	9 ♑ 34	5 S 27	15 ♐ 25
♀	26 ♑ 51	2 S 11	2 ♑ 42
♂	15 ♒ 18	1 S 51	21 ♑ 10
♃	21 ♑ 13	0 S 14	27 ♐ 04
♄	28 ♑ 02	0 S 11	3 ♑ 53
♅	7 ♉ 19	0 S 28	13 ♈ 11
♆	19 ♓ 06	1 S 04	24 ♒ 57
♇	23 ♑ 40	0 S 57	29 ♐ 31

True Moon's Node	29 ♊ 06
Part of Fortune (night)	8 ♒ 12
Part of Spirit (night)	20 ♎ 23
Vertex	7 ♏ 33
Equatorial Asc.	24 ♉ 29
Sidereal Time	21:28:30
G.M.T.	1:18:31
Ephem Time-GMT	0:01:29
Lahiri Ayan.	24°08'37"

♃ # Asc	♆ # Asc
♅ # MC	☊ ∥ Asc

☉ # ♇	☉ ∥ Asc
☉ ∥ ☊	♃ ∥ ♇

	Sider Long.
☉	15 ♊ 32
☽	21 ♎ 38
☿	15 ♊ 38
♀	11 ♉ 49
♂	7 ♓ 39
♃	29 ♐ 52
♄	5 ♑ 55
♅	15 ♈ 43
♆	26 ♒ 48
♇	29 ♐ 57

	Long.	Decl.	Speed
☉	9 ♋ 40'54"	23 N 05	0 57
☽	15 ♏ 46'11"	13 S 05	14 15
☿	9 ♋ 47 ℞	18 N 39	- 0 36
♀	5 ♊ 57	17 N 15	0 13
♂	1 ♈ 48	2 S 10	0 36
♃	24 ♑ 01 ℞	21 S 36	- 0 07
♄	0 ♒ 04 ℞	20 S 20	- 0 04
♅	9 ♉ 52	14 N 21	0 02
♆	20 ♓ 57 ℞	4 S 35	- 0 00
♇	24 ♑ 05 ℞	22 S 15	- 0 01

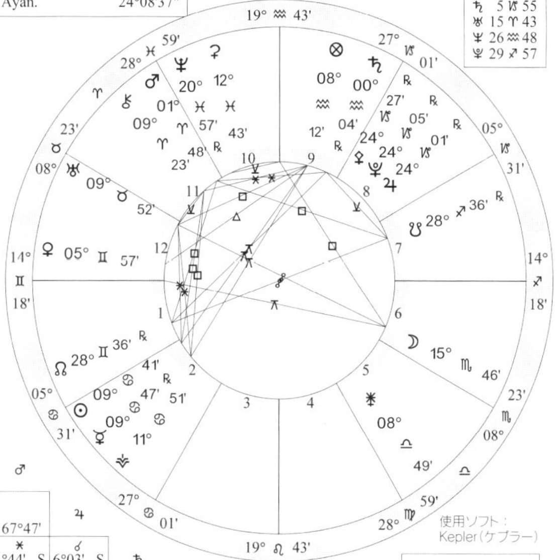

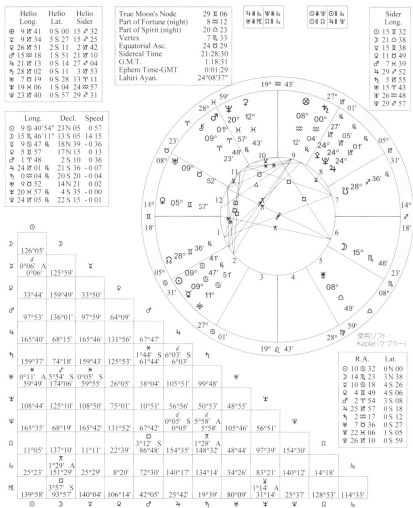

使用ソフト：
Kepler（ケプラー）

	☉	☽	☿	♀	♂	♃	♄	♅	♆	♇	☊	Asc
☽	126°05'											
☿	☌ 0°06' A 0°06'	125°59'										
♀	33°44'	159°49'	33°50'									
♂	97°53'	136°01'	97°59'	64°09'								
♃	165°40'	68°15'	165°46'	131°56'	67°47'							
♄	159°37'	74°18'	159°43'	125°53'	⚹ 1°44' S 61°44'	☌ 6°03' S 6°03'						
♅	⚹ 0°11' A 59°49'	☍ 5°54' S 174°06'	⚹ 0°05' S 59°55'	26°05'	38°04'	105°51'	99°48'					
♆	108°44'	125°10'	108°50'	75°01'	10°51'	56°56'	50°53'	48°55'				
♇	165°35'	68°19'	165°42'	131°52'	67°42'	☌ 0°05' S 0°05'	☌ 5°58' A 5°58'	105°46'	56°51'			
☊	11°05'	137°10'	11°11'	22°39'	□ 3°12' S 86°48'	154°35'	⚻ 1°28' A 148°32'	48°44'	97°39'	154°30'		
Asc	25°23'	⚻ 1°29' A 151°29'	25°29'	8°20'	72°30'	140°17'	134°14'	34°26'	83°21'	140°12'	14°18'	
MC	139°58'	□ 3°57' S 93°57'	140°04'	106°14'	42°05'	25°42'	19°39'	80°09'	⚺ 1°14' A 31°14'	25°37'	128°53'	114°35'

	R.A.	Lat.
☉	10 ♋ 32	0 N 00
☽	14 ♏ 23	3 N 38
☿	10 ♋ 18	4 S 26
♀	4 ♊ 49	4 S 06
♂	2 ♈ 54	3 S 08
♃	25 ♑ 57	0 S 18
♄	2 ♒ 17	0 S 12
♅	7 ♉ 36	0 S 27
♆	22 ♓ 06	1 S 05
♇	26 ♑ 10	0 S 59

月のノース・ノードとの合は、惑星にとって有益とされ、サウスノードとの合はその逆で惑星にとっては弱体となります。ノードとは、月の軌道（白道）と太陽の軌道（黄道）の交点です。

　火星と土星の間にコンジャンクションやアスペクトがあると、惑星は包囲（ビシージメント）されると言い、これはかなり悪いことです。でも、もちろん火星と土星が山羊座にあり、両星に高いエッセンシャル・ディグニティがあるなら、凶意は抑えられます。

　惑星と幸運な恒星との合は有益ですが、凶意を持つ恒星との合は哀弱とみなします。最も知られた幸運な恒星は、レグルス、スピカ、アークトゥルス、シリウス、ベガなど。凶意を持つ恒星としては、アルゴル、シェアト、アルキオーネ、フェイシス（M22）などがあります。恒星の位置はインターネットで調べられます。なお、恒星は72年で1度動くことを忘れずに。

　最後に、惑星は特定のハウスでJOY（歓喜）というアクシデンタル・ディグニティを得ます。太陽は9ハウス、月は3ハウス、水星は1ハウス、金星は5ハウス、火星は6ハウス、木星は11ハウス、土星は12ハウスでそれぞれJOYとなります。

ヘイズ（Hayz）

　ヘイズはアクシデンタル・ディグニティのひとつで、セクトによって決まります。昼惑星と夜惑星があるように、昼チャートと夜チャートがあります。昼チャートは太陽が地平線（1／7ハウス軸）よりも上にあり、夜チャートは太陽が地平線より下にある時です。昼惑星（木星、土星）は昼チャートで活性化し、夜惑星（火星、金星）は夜チャートで活性化します。水星はオリエンタル（東方）にある時に昼惑星、オクシデンタル（西方）で夜惑星になります。この考え方は出生図において使い勝手が良く、セクトの吉星の助けをより多く期待でき、セクトの凶星の害をより少なくできるのです。

　昼生まれの人は、通常、木星に支配され、金星の影響は少なくなります。また土星よりも火星からの障害が大きくなります。夜生まれの人はその逆です。昼惑星のヘイズは、昼チャートで、昼サイン（牡羊座、双子座、獅子座、射手座、水瓶座）、昼の位置（地平線よりも上）にあるときです。夜の惑星のヘイズは、夜チャートで、夜のサイン（牡牛座、蟹座、乙女座、蠍座、山羊座、魚座）にあり、夜の配置（地平線よりも上）にある時です。火星は夜の惑星でありながら、昼のサインでヘイズになるという例外がありますが、これには疑問を抱いています。金星のヘイズは特に重要です。というのも、金星はほとんどの場合、太陽と同じチャートの部分（昼の領域）にいます。でも夜の惑星ですから、金星がヘイズになるには太陽が1ハウスで金星が12ハウス、あるいは太陽が6ハウスで金星が7ハウスにある時だけです。その希少性から、金星にとっては特に利点があります。

　すべての惑星のヘイズに注目しましょう。

　最後になりますが、Lot of Fortune【パート・オブ・フォーチュンとも呼ばれますが以降LoFとします】は、質問者と質問事項いずれかのハウ

スにあるなら、アクシデンタル・ディグニティとみなします。LoFは、昼チャートでは太陽から月までの距離をアセンダントへ足し、夜チャートでは月から太陽までの距離をアセンダントへ足します。LoFは、それが占めるハウスの事柄に幸運をもたらすとされています。

エッセンシャル VS アクシデンタル

　どちらの影響が強く、どちらが勝るのでしょう。エッセンシャル・ディグニティか、アクシデンタル・デビリティか？　アクシデンタル・ディグニティかエッセンシャル・デビリティか？　両方を満たす主要表示星なら、どう判断すべきでしょう？　惑星の状態は良いのでしょうか、それとも悪いのでしょうか？

　それは、品位や衰弱の状態によります。エッセンシャル・ディグニティのある金星と月を例にしてみましょう。

1. エッセンシャル・ディグニティのある金星　vs コンバスト

　金星が太陽に接近している場合は、特に深刻な衰弱です。コンバストが勝ちます。金星が太陽から離れている時、特に金星がコンバストから抜け出すまであとわずかという時、コンバストはそれほど深刻ではありません。しかし、金星と水星を同じように扱うという間違いを犯してはいけません。水星が乙女座にあり、コンバストで、順行で太陽から離れている場合。この水星は非常に速く、おそらく1日に2度以上の速度で移動しています。コンバストはすぐに終わりますが、金星が太陽から3〜4度離れているのなら、太陽と金星はほとんど同じ速度で移動しています。コンバスト領域の8度圏外へ出るには長い時間がかかります。ですから、太陽から3〜4度離れたコンバスト状態の金星は、やはりかなり深刻です。しかし、金星のエッセンシャル・ディグニティは、完全に破壊されないように作用してくれるでしょう。また、もし他の惑星とミュー

チュアル・リセプションを伴うトラインがある時や、月と金星が吉相アスペクトを形成中であれば、おそらく助けになります。

2. エッセンシャル・ディグニティのある金星 vs アンダーザビーム

エッセンシャル・ディグニティが勝ります。

3. エッセンシャル・ディグニティのある金星 vs オリエンタル（東方の金星）

金星に何も問題はありません。

4. エッセンシャル・ディグニティのある金星が、ミューチュアル・リセプション無しで、ディグニティを持たない火星や土星とスクウェア、オポジションを形成する

これは良くありません。こうした時、エッセンシャル・ディグニティは大した助けにはなりません。

5. エッセンシャル・ディグニティのある金星が、ケイデントハウス、6、8、12ハウスにある

問題はありますが、もし金星が吉星とリセプションを伴った調和アスペクトを形成中であれば、問題は乗り越えられます。

6. エッセンシャル・ディグニティのある金星が逆行中

上記と同じです。もし金星が吉星とリセプションを伴った調和アスペ

クトを形成中であれば、逆行は大きな問題にはなりません。

7. エッセンシャル・ディグニティのある金星が サウスノード (ドラゴンテイル) とコンジャンクト

これは私見です。月にとってサウスノードはとても深刻な衰弱です。月の降交点だからです。一方で他の惑星は、エッセンシャル・ディグニティがあれば乗り越えられます。

8. エッセンシャル・ディグニティのある金星が 凶星に包囲されている

火星と土星の両方がディグニティを得る山羊座で起こるか、土星がエグザルテーション、金星がドミサイルとなる天秤座で起こらない限り、金星にとっては悪い結果となります。

9. 蟹座の月が減光中 (満月を過ぎて新月に 向かっている)

月がアンダーザビーム、コンバスト、サウスノードとコンジャンクトしなければ、エッセンシャル・ディグニティが勝ります。

10. 牡牛座の金星または月がアルゴルと合

私はエッセンシャル・ディグニティが勝ると思います。でも、この合には注意してください。

結論

　エッセンシャル・ディグニティは重要で、多くの場合、アクシデンタル・デビリティ（衰弱）に打ち勝つでしょう。でも凶星や太陽と強いミューチュアル・リセプションのないハードアスペクトとコンバストの影響は強く働きます。特に月とサウスノードの合には注意してください。

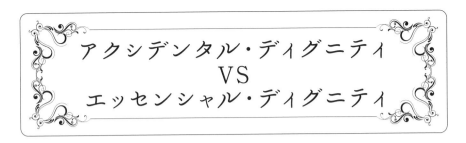

アクシデンタル・ディグニティ
VS
エッセンシャル・ディグニティ

　原則として多くの場合、アクシデンタル・ディグニティが優勢です。ただし「移動速度の速さ」「順行」「オリエンタル」「オクシデンタル」は、デトリメントやフォールの惑星にはあまり役に立ちません。例えば、アンギュラーの金星は、12ハウスにある牡牛座の金星よりも好ましく、牡羊座の土星（フォール）とトラインを形成中の月は、天秤座の土星（エグザルテーション）とオポジションを形成中の月よりも好ましいのです。

　これで主な仕事は終わりました。最後のステップに移る前に、チャート解釈に役立つかもしれない事柄について、少しだけ述べておきましょう。

1. ナチュラル・ルーラー（生来的表示星）

　主要表示星は、質問者と被質問者のハウスルーラーですが、ナチュラル・ルーラーも表示星に含めることが有効な場合があります。ここでは、基本的な惑星のルーラーシップを紹介します。

土星	老人、父（夜チャート）、歯、憂鬱
木星	富、妊娠、血液、肺、肝臓
火星	別離／離婚、外科医／外科手術、男性性器、胆嚢
太陽	男性（人間関係の質問において）、仕事、心臓、脳、男性の右目、女性の左目、父（昼チャート）
金星	一般的な恋愛（月と金星の調和アスペクトは人間関係チャートにおいて常に良い表示）、子宮、糖尿病、女性（人間関係の質問において）、母（夜チャート）
水星	占星術師、盗み、学識者、狂気、発話障害
月	母（夜チャート）、女性の右目、男性の左目、不動産／土地

　伝統的な占星術では土星よりも遠い天体は使いませんが、人間関係の質問においては天王星の1／7ハウス軸在室、月とコンジャンクトしている場合は破壊を示します。同様の配置について海王星は新たな人間関係を示すようです。冥王星とお金や、癌との関連性はあるかもしれませんが、わたし自身が実用的な使い方を見つけたとはまだ言えません。

2. ホラリーでロットは必要でしょうか？

　不要です。でも、質問内容や質問者のハウスにロットがある時は良い

兆しです。ただ、ポジティブな結果を示すには足りません。表示星だけでは明瞭な答えを導くには難しい時に使えるロットをいくつか紹介します。

お金／資産のロット
2ハウスのルーラーと2ハウスのカスプまでの距離をアセンダントに足す

結婚のロット（男性）
土星から金星までの距離をアセンダントに足す

結婚のロット（女性）
金星から土星までの距離をアセンダントに足す

子供のロット
昼チャートでは木星から土星までの距離（夜チャートでは土星から木星までの距離）をアセンダントに足す

兄弟のロット
昼チャートと夜チャートの両方で土星と木星の間の距離、およびアセンダントを足します（夜出産の場合は計算式を逆にしている著作もあります）

病気のロット
昼チャートの土星から火星の距離（夜チャートの場合は計算式が逆になります）をアセンダントに足す

死のロット
月から8ハウスカスプまでの距離を土星に足す（逆転はしません）

ロットの度数から、ドミサイル・ルーラーやアルムーテンを表示星として使用することができます。

3. アンティシャ

　それほど効力を持たないと私が考えているものです。全ての度数には、2つの「影」の度数があるという考え方です。牡羊座のアンティシャ度数は乙女座にあります。牡羊座4度の惑星は、乙女座26度（30−4＝26）。牡羊座18度は、乙女座12度（30−18＝12）。アンティシャの対向度数はコントラ・アンティシャと呼びます。牡羊座4度のアンティシャ、乙女座26度には、魚座26度がコントラ・アンティシャです。もし月が乙女座26度か、魚座26度にアスペクトを形成している場合は、牡羊座4度にも同様の効果があると考えます。
　関係性は以下の通りです。

　　牡羊座＝乙女座／魚　　座
　　牡牛座＝獅子座／水瓶座
　　双子座＝蟹　　座／山羊座
　　蟹　　座＝双子座／射手座
　　獅子座＝牡牛座／蠍　　座
　　乙女座＝牡羊座／天秤座
　　天秤座＝魚　　座／乙女座
　　蠍　　座＝水瓶座／獅子座
　　射手座＝山羊座／蟹　　座
　　山羊座＝射手座／双子座
　　水瓶座＝蠍　　座／牡牛座
　　魚　　座＝天秤座／牡羊座

4. ノード

　ひとことで言えば、ノースノード（ドラゴンヘッド）は吉意、サウスノード（テイル）は凶意です。もし、関心のあるハウスにあるのなら、吉凶のいずれかを表します。また、サウスノードとのコンジャンクションは、月にとっては特に有害です。

5. サイン

　サインは昼夜の他に、そのエレメントに関係なく、３つのカテゴリーに分けられます。牡羊座、蟹座、天秤座、山羊座は、衝動的で素早い反応を示す活動宮。牡牛座、獅子座、蠍座、水瓶座は、変化への怖れと安定性を示す固定宮。そして双子座、乙女座、射手座、魚座は、多様性と変化への意欲を示す変幻自在な柔軟宮です。また、子供に関する質問には、肥沃／不毛サインは参考になるでしょう。乙女座、獅子座、双子座（双子の可能性も示しますが）は不妊とされ、水のサイン（蟹座、蠍座、魚座）は妊娠しやすい星座です。それ以外の星座は関係がありません。最後に、気質についてですが、火のサインは暑くて乾燥し、風のサインは暑くて湿り、土のサインは寒くて乾燥し、水のサインは寒く湿っています。

6. タイミング

　私たちが通常行うのは、結果を示す形成中の接近アスペクトの度数を数え、それを実際の時間に変えることです。もし惑星がアスペクトを完成させるまでに4度必要なら、その出来事は4単位時間（分、時、日、週、

月、年）で起こることになります。でも、ほとんどのホラリーの質問で、年と分が意味をなすことはありません。アスペクトが相互に接近している場合、つまり一方の惑星が逆行している場合は、より早く物事が起こります。月がアスペクトを形成しつつある惑星では、タイミングの多くは月の速度に依存します。遅い月は、出来事が予想よりも遅く起きることを示すかもしれませんし、平均より早い場合は、その逆です。惑星が活動宮にあれば、物事は早く起こり、固定宮にあれば起きるまで時間がかかります。柔軟宮はその中間です。また、ハウスもタイミングに関係します。アスペクトが起きるハウスが弱いほど、時間の単位は長くなります。数日後、数週間後、数ヶ月後に何かが起こるかどうかは、実際にはわかりません。ほとんどの場合、こうした単位を選択することは避けたほうがよいでしょう。論理的に除外できる選択肢もあります。私は通常、質問に関連して最も論理的な2つの時間単位をクライアントに伝えます。

7. プロヒビション、フラストレーション などについて

　こうした概念はあまり気にしないでください。重要なことは、質問者と質問事項の表示星のつながりです。第三の惑星が介在する場合は、その惑星が表示星間のアスペクトを妨げるかどうかを検討してください。トラインやセクスタイルは、たとえ凶星であっても妨害することはありません。コンジャンクション、スクウェア、オポジションは、強いリセプションの有無に注意しましょう。オポジションは相手の惑星が吉星で、強いミューチュアル・リセプションがない限りは多くの場合、アスペクトの妨げになります。コンジャンクションやスクウェアは、ドミサイルやエグザルテーションの強いミューチュアル・リセプションがあれば問題ありません。

表示星がアスペクトしていないか、アスペクトから離れている場合、第三の惑星がトランスレーションやコレクションで2つの惑星をつなぐことができます。第三の速い惑星が一方の表示星から離れ、もう一方の表示星に接近する時、光のトランスレーションが起こります。光のコレクションは、2つの表示星が、彼らの光を収集する3番目の遅い惑星に接近するときに起こります。どちらの場合も、2つの表示星が単独でアスペクトを**形成できない**場合です。それ以外では、良くも悪くも第三の惑星が介入していると考えます。

リセプションチャート1をご覧ください。木星と土星が主要表示星で、両星にアスペクトが欲しいとします。木星は土星と同じサインにありますが、木星は分離しています。しかし、双子座の月は土星から分離し（直前のアスペクト）、木星に接近しているため（次のアスペクト）、両者を結びつけています。ただこの場合、光のトランスレーションは必要ないでしょう。ホラリーチャートにおいて、すべての共同表示星である月が、木星にトラインを形成中という事実だけで十分すぎるからです。

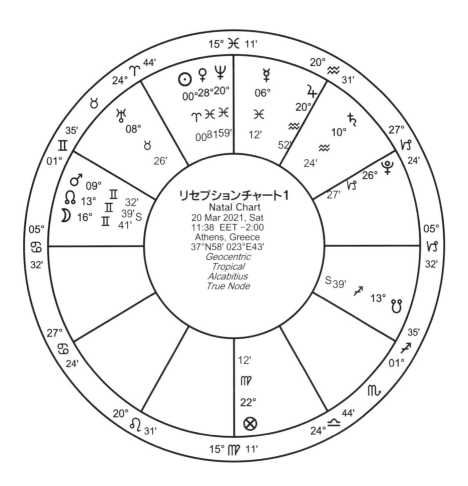

リセプションチャート1
Natal Chart
20 Mar 2021, Sat
11:38 EET −2:00
Athens, Greece
37°N58' 023°E43'
Geocentric
Tropical
Alcabitius
True Node

リセプションチャート4では、月と水星をつなげたいとします。月は水星から分離していますが、両星ともに土星とトラインを形成しようとしています。ですから、土星が両星の光を集める（コレクション）ことになります。

　トランスレーションとコレクションは常に機能するわけではありません。アスペクトの種類、リセプションの有無に大きく左右されます。

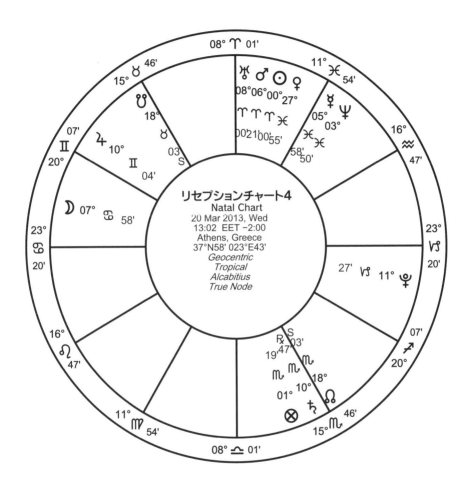

リセプションチャート4
Natal Chart
20 Mar 2013, Wed
13:02 EET −2:00
Athens, Greece
37°N58' 023°E43'
Geocentric
Tropical
Alcabitius
True Node

ステップ 4

チャート判定

すでに述べたように、本書ではYESかNOの答えを求めています。ホラリー占星術師は脚本家ではありませんし、筋書きを作る必要もありません。シンプルに肯定か否定かの回答を目指しています。判断をどのように行うべきかを解説していますが、もう一度強調しておきましょう。多くの人が忘れていることがあります。そして、それが多くの判断ミスの原因となっています。火星や土星が表示星だからといって、凶星でなくなるわけではありません。2つの表示星の間に形成されるスクェア、オポジション、コンジャンクションがあり、どちらかが凶星であれば、それを解消するにはとても強いミューチュアル・リセプションが必要です。表示星が吉星であれば、シングル・リセプションで十分です。また、太陽は多くの場合、不運をもたらすことを忘れてはいけません。太陽とのスクェアやオポジションも、ポジティブな結果を得るには強力なミューチュアル・リセプションを必要とします。もちろん太陽は近隣の惑星をコンバストさせますが、これは太陽が表示星の場合でも変わりません。

　最後に、質問者と被質問者のハウス内にある惑星は、共同表示星として作用するだけでなく、これらのハウスに良くも悪くも影響を与えることを忘れないでください。吉星（金星と木星）は通常、大きな助けとなります。でも凶星（火星と土星）は、エッセンシャル・ディグニティがあり、かつリセプションがない限り、通常は不運をもたらします。

1. まずホラリーで最も重要な「月」を見る

　月が凶星（火星、土星）や太陽とハードアスペクト（オポジション、スクウェア、コンジャンクション）を形成し、強いミューチュアル・リセプション不在か、どちらにも強いエッセンシャル・ディグニティがない時、他を探す必要はありません。質問への答えはNOです。たとえ吉星が表示星であったとしてもです。

　月の表示はより強力ですが、多かれ少なかれ、アセンダント・ルーラーにも同じことが言えます。例えば、双子座の月が射手座の土星とのオポジションを形成している場合（強いミューチュアル・リセプションがなく、土星のディグニティがない）、相談者にとって肯定的な結果にはなりません。土星が天秤座の木星と強いミューチュアル・リセプションがあるなら、土星はそれほど不運ではなく、チャートの残りの部分をチェックする必要があります。でも月が土星とオポジションとなる問題は残ります。月と凶星の両方が本質的に強い場合（例えば、蟹座の月と山羊座の土星）、特に月と土星にセクスタイル／トラインを組む第三の惑星があり、リセプションがある場合は、何かが生じる可能性があります。最後に、月が蟹座や牡牛座でとても強い状態にあり、凶星とコンジャンクトする時。この凶星は月と同じサインにあることで、月の力に完全に委ねられています。ですから、必ずしも良い結果を妨げるものではありません。もし、スクウェアやオポジションなら、状況は変わっていたでしょう。

例題チャート5

　月が土星とオポジションを形成中です。月はエグザルテーションで、土星と火星の間にはミューチュアル・リセプションがあります（ドミサイル／ターム）。また、月とトライン、土星とセクスタイルをとる第三の惑星（太陽）もあります。しかし、対立する2つの惑星の間には強いリセプションがなく、月、土星、太陽のハウスは、良くないハウスです。このオポジションは救いようがありません。質問が何であろうと答えはNOです。

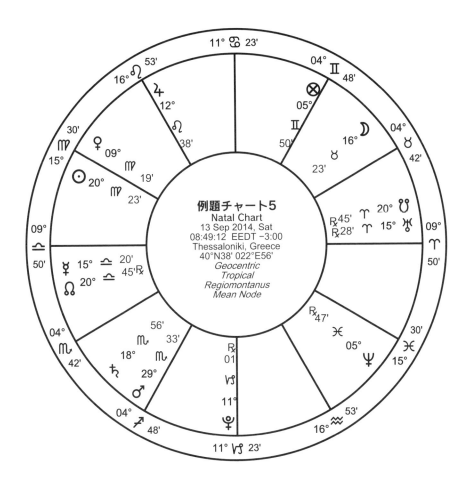

例題チャート5
Natal Chart
13 Sep 2014, Sat
08:49:12 EEDT −3:00
Thessaloniki, Greece
40°N38' 022°E56'
Geocentric
Tropical
Regiomontanus
Mean Node

例題チャート6

　月と土星のオポジションがあります。しかし、このオポジションはケイデントとはいえ、前述のチャートよりも良いハウスにあります。土星はタームとフェイスでディグニティがあり、1ハウスにある木星と非常に強いミューチュアル・リセプション（ドミサイル、トリプリシティ、エグザルテーション）。月は木星と完全なトラインを形成し、木星は土星とセクスタイルです。太陽は土星とセクスタイル、月とトラインで、その月は水星とミューチュアル・リセプション（ドミサイル、トリプリシティ）。このオポジションは、木星と土星がとても強いミューチュアル・リセプションであること、質問者の1ハウスに木星があることから救われます。結論を出す前に他の要素を詳細に検討する必要はありますが、明確なNOではありません。でもオポジションですから、多少の問題は予想できます。

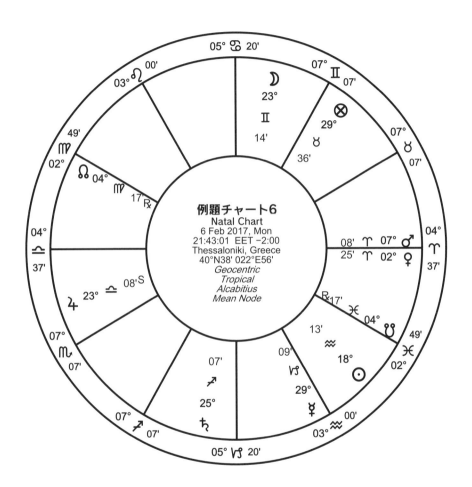

05° ♋ 20'

03° ♌ 00'

07° ♊ 07'

☽ 23° ♊ 14'

⊗ 29° ♉

07° ♉ 07'

49'
♍ 02°

☊ 04° ♍ 17' ℞

例題チャート6
Natal Chart
6 Feb 2017, Mon
21:43:01 EET -2:00
Thessaloniki, Greece
40°N38' 022°E56'
Geocentric
Tropical
Alcabitius
Mean Node

08' ♈ 07° ♂
25' ♈ 02° ♀

04° ♈ 37'

04° ♎ 37'

♃ 23° ♎ 08' S

℞ 17' ♓ 04° ☋ 49'

13'

07° ♏ 07'

07' 09' ≈ 18° ☉ ♓ 02°

♑ 29° ☿

07° ♐ 07'

07' ♐ 25° ♄

03° ≈ 00'

05° ♑ 20'

例題チャート7

　ふたたび、月と土星のオポジションです。ですが、両星は互いのドミサイルにあり、とても強いエッセンシャル・ディグニティがあります。さらに、アスペクトこそありませんが、土星と火星は非常に強いミューチュアル・リセプション（ドミサイル、エグザルテーション）です。吉星である木星の度数はやや離れていますが、オポジションの月／土星へトラインとセクスタイルです。また、それほど強くはありませんが、リセプションもあります（木星はエグザルテーションで月を受容し、土星は木星のフェイスにある）。細心の注意は必要ですが、答えはYES。

　出来事の流れを示すのは主に月です。ですから通常は月を優先すべきです。でも、月とは全く違う状況をアセンダント・ルーラーが描いているのなら、その判断は控えた方が良いかも知れません。もしアセンダント・ルーラーが質問事項のルーラーとトラインを形成し（幸運の表示）、リセプション無しで月が土星とのオポジションを形成するなら、通常は月を優先します。しかし、幸運の表示の方が優勢になり、希望の光となることはあります。

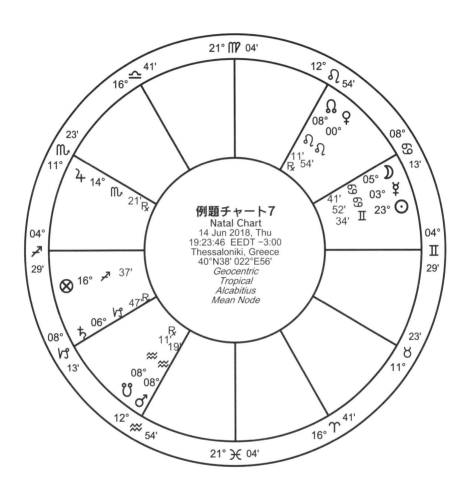

21° ♍ 04'

16° ♎ 41'

12° ♌ 54'

11° ♏ 23'

08° ♌ ♀ 00'

11' ♌ ♌ 54' ℞

08° ♋ 13'

14° ♏ 21' ℞ ♃

41' ♋ ♋ 52' ♊ 34'

05° ☽ 03° ☿ 23° ⊙ ♊

04° ♐ 29'

04° ♊ 29'

16° ♐ 37' ⊗

47' ℞ ♒

23° ♉ 23'

08° ♑ 13' ♄

06° ♑

11° ℞ ♑ 19'

11° ♉ 23'

08° ♒ 08'

☊ ♂

16° ♈ 41'

12° ♒ 54'

21° ♓ 04'

例題チャート7
Natal Chart
14 Jun 2018, Thu
19:23:46 EEDT −3:00
Thessaloniki, Greece
40°N38' 022°E56'
Geocentric
Tropical
Alcabitius
Mean Node

例題チャート8

　妊娠の可能性についての質問です。火星が7ハウス（占星術師）にあるため、通常ならこのチャートを無効と考えるところです。でも火星は木星と非常に強いミューチュアル・リセプションです。レジオモンタナスとアルカビティウスのハウスシステムでは、天秤座が5ハウスをインターセプトしているので、赤ちゃんは水星（5ハウスのカスプにある乙女座）と金星（5ハウスのインターセプトされたサインのドミサイル・ルーラー）の両方で表示されています。また、水星は質問者（アセンダントの双子座）も意味しています。水星は、妊娠のナチュラル・ルーラーである木星とトラインし、その後、肥沃な魚座の強い金星（赤ちゃんの表示星）とコンジャンクトします。この表示に限れば、質問者は妊娠しているに違いありません。しかし、月は不運をもたらす火星と強いミューチュアル・リセプション不在でスクウェアですから、非常にネガティブです（月は太陽、水星、金星ともオポジションで、火星は水星と金星に障害となっています）。質問者は妊娠してはいませんでした。月はひどく傷つけられ（太陽とのオポジションから離れ、火星とのスクウェアへと向かっています）、これが幸運の表示を完全に覆しています。

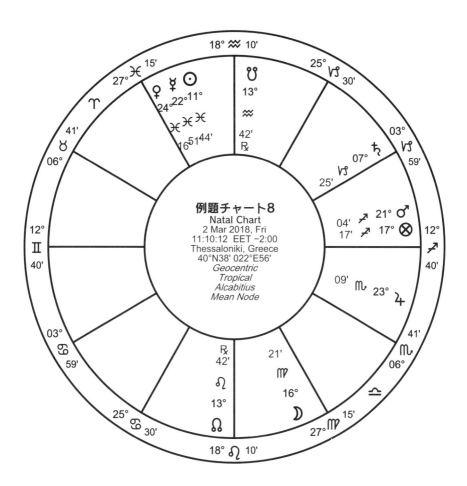

例題チャート9

　家の購入に関する質問です。月は水星とのスクウェアに加え、太陽とのスクウェアも形成中です。でも特に心配はありません。水星は凶星ではなく、特に月はアンギュラーにあり、ドミサイルとフェイスにあるためです。月のエッセンシャル／アクシデンタル・ディグニティは非常に強いのですが、太陽とのスクウェアは問題になる可能性があります。でも、太陽は金星（ドミサイル／トリプリシティ）や土星（エグザルテーション／トリプリシティ）とミューチュアル・リセプションがありますから、自動的にNOというわけではありません。こうした時、他の表示星の状態を確認する必要があります。

　金星は、売り家の表示星（4ハウスのドミサイル・ルーラー）で、売り主を指す7ハウスのアルムーテンでもあります。金星は木星と非常に強いミューチュアル・リセプションで、質問者の表示星である土星も木星と非常に強いミューチュアル・リセプション。金星は土星とコンジャンクトですが、土星は木星とのミューチュアル・リセプションのため、ここではとても良い振る舞いをしています。また、1ハウスの表示星である火星は、アンギュラー、エグザルテーション、フェイスが揃う強いディグニティがあります。質問者はこの家を購入。このチャートでは、彼女自身のディグニティと様々なミューチュアル・リセプションが、月の否定的な表示を上回りました。

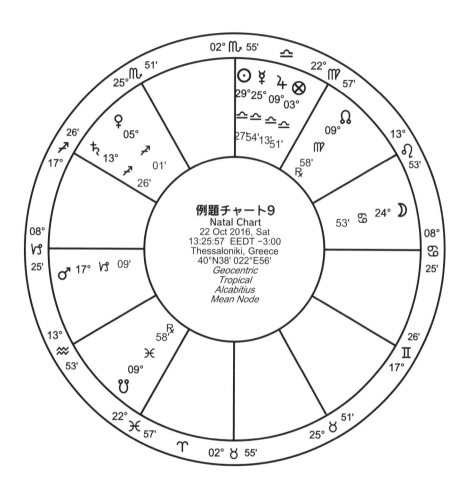

例題チャート9
Natal Chart
22 Oct 2016, Sat
13:25:57 EEDT −3:00
Thessaloniki, Greece
40°N38' 022°E56'
Geocentric
Tropical
Alcabitius
Mean Node

例題チャート10

　盗まれた可能性のある車に関する質問です。ここでは、質問者の車は2ハウスの所有物として扱います。車を表す火星が泥棒を表す7ハウスでコンバストしていることから、車が盗まれたことがわかります。次に、月が火星とのスクウェアから離れ、太陽とスクウェアを形成中です。強いミューチュアル・リセプションを伴わないハードアスペクトを組む惑星に対し、太陽は凶星のように振る舞いますから、月は包囲されていると言えるでしょう。良いことは期待できません。

　それは証明されてしまいました。車は二度と見つからなかったのです。しかし、アセンダントのドミサイル・ルーラーである木星はMCにコンジャンクトし、ドミサイルの射手座にあります。アセンダントのアルムーテン、金星は天秤座にあって非常に強く、他人のお金を表す8ハウスにあります。これらは、質問者の状態がとても良いことを示しており、月が示す否定的な要素とは矛盾しています。果たして、月の表示はくつがえされ、良い結末を迎えました。相談者が保険金で中古車を購入したところ、盗まれた車よりもずっと良い車だったのです。

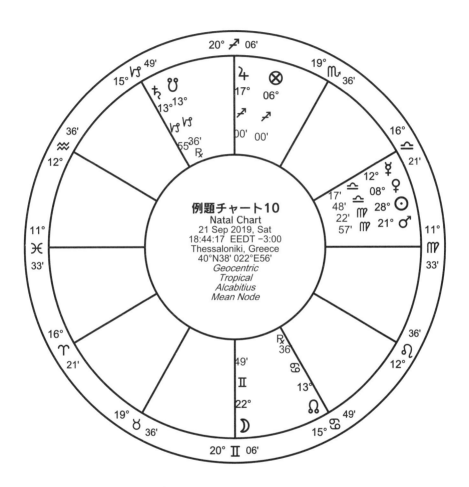

例題チャート10
Natal Chart
21 Sep 2019, Sat
18:44:17 EEDT −3:00
Thessaloniki, Greece
40°N38' 022°E56'
Geocentric
Tropical
Alcabitius
Mean Node

2. 月やアセンダント・ルーラーに 接近アスペクトがない

　月とアセンダント・ルーラーが、質問事項のルーラーに接近アスペクトを作らない時、必ずしもNOを意味するわけではありません。これは、両星が次に作るアスペクトに大きく左右されます。

　それは、リセプションを伴うトラインやセクスタイルでしょうか？ 吉星や他の惑星（太陽を除く）とのコンジャンクションで、強いリセプションを伴うでしょうか？　両方を満たしているか、あるいは片方であっても表示星に問題がなければ、質問者と質問事項の間に接点がないという事実にかかわらず、答えはおそらくYESです。そのアスペクトがスクウェアやオポジションで、強いミューチュアル・リセプションがない場合、答えはおそらくNOです。

例題チャート11

訴訟問題です（訴訟相手はいません。相談者は、とある法律を自分の
ケースに適用できるかを知りたがっていました）。火星は7ハウス（事前
考察では注意事項）にありますが、木星との強いミューチュアル・リセ
プションがあるため、占断を進められます。アセンダント・ルーラーの
水星は、魚座の強いディグニティを持つ金星とコンジャンクト、月は火
星とのセクスタイルを形成中です。これらのアスペクトはいずれもポジ
ティブで（月と火星の間にリセプションはありませんが、水星と金星の
コンジャンクションで十分です）、答えはYESです。疑わしい表示星を探
す必要はありません。主要表示星のいずれにも問題はありません。

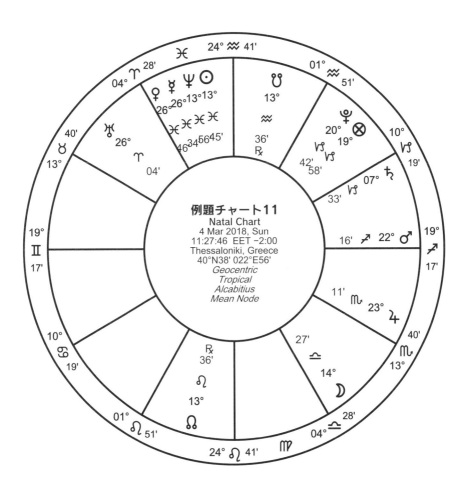

例題チャート11
Natal Chart
4 Mar 2018, Sun
11:27:46 EET −2:00
Thessaloniki, Greece
40°N38' 022°E56'
Geocentric
Tropical
Alcabitius
Mean Node

例題チャート12

　恋愛の質問です。質問者の表示星は、アセンダント・ルーラーの月と、アセンダントの共同アルムーテンの金星です。質問事項（7ハウス）の表示星は、土星と火星（共同アルムーテン）です。月は土星と火星の両方から分離し、金星はいずれにもアスペクトしていません。しかし、月は太陽、金星とトラインを結んでいます。通常、トラインはYESとするに十分ですが、この太陽と金星はひどい状態にあります。太陽はデトリメントで8ハウスにあり、サウス・ノードとぴったり重なり、金星も8ハウスでコンバストです。トラインは幸運な結果を生み出すことはできず、7ハウスの土星と相まって（恋愛問題では、7ハウスのルーラーが7ハウスにある時、通常、相手が興味を持っていないことを示します）、答えはNOです。

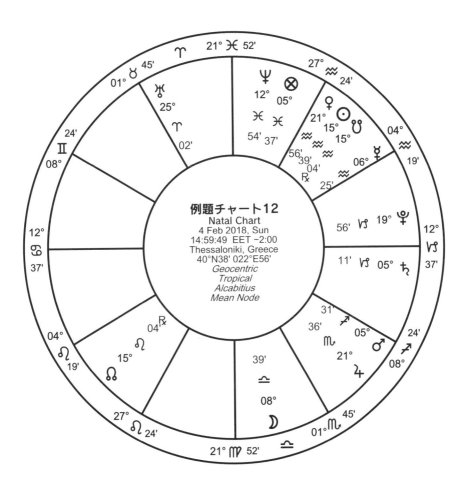

例題チャート12
Natal Chart
4 Feb 2018, Sun
14:59:49 EET −2:00
Thessaloniki, Greece
40°N38' 022°E56'
Geocentric
Tropical
Alcabitius
Mean Node

例題チャート13

　スポーツの質問でした。チームの表示星は月と火星（共同アルムーテン）、勝利（10ハウス）の表示星は木星（ドミサイル・ルーラー）と金星（共同アルムーテン）です。月は木星、金星とはアスペクトしませんが、リセプションを伴い太陽と幸運なトラインを形成中。これは良いことです。でも勝利の表示星とはアスペクトがありませんから、火星の状況を確認する必要があります。火星は不利な状況にあり、勝利の象徴である金星の速度は火星よりも速く、天秤座でのコンジャンクションは起こりません。しかし、土星と金星は火星を受容しています。火星は木星ともアスペクトしません。勝利そのものについてはどうでしょうか。金星は遅く、火星から障害を受けています。でも金星は自身のドミサイルにいますから、火星は金星に降伏することになります。また、木星は自身のトリプリシティとタームにあります。でも逆行し、土星にオポジションです。もっとも木星はオポジションから分離し、土星は真の凶星ではありません（天秤座でエグザルテーション）。これらは将来性を示しますが、勝利の保証はできません。おそらく、対戦相手を登場させるべきでしょう。ほとんどの場合その必要はありませんし、放っておく方が良いのですが、この場合は確実性に欠けます。対戦相手は土星がエグザルテーション状態で、金星と非常に強いミューチュアル・リセプションです。相手はノース・ノードがハウス内にあり、こちらのチームはサウス・ノードに悩まされています。対戦相手が勝ちました。

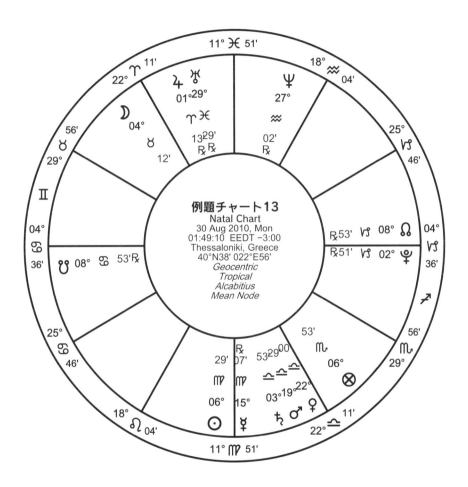

例題チャート13
Natal Chart
30 Aug 2010, Mon
01:49:10 EEDT -3:00
Thessaloniki, Greece
40°N38' 022°E56'
Geocentric
Tropical
Alcabitius
Mean Node

3. 月やアセンダント・ルーラーに 接近アスペクトがある

　アセンダント・ルーラーや月が、質問事項のルーラーと接近アスペクトを作っていたとしても、それが直近に形成されるアスペクトでない場合は注意してください。

　別の惑星が、質問事項のルーラーのアスペクトを妨げるかどうかを見極める必要があります。

　別の惑星が介在するアスペクトが、トラインやセクスタイルであれば、リセプションの有無にかかわらず、妨げになることはありません。また、介在するアスペクトがスクウェアで、ドミサイルやエグザルテーションの間に強いミューチュアル・リセプションがあるなら、妨げになるかどうかは疑問です。直近で作られるアスペクトが、強いミューチュアル・リセプションを伴わないスクウェアか、オポジションの場合、問題の妨げになります。介在する惑星がコンジャンクトする時、その惑星が吉星で、ドミサイルやエグザルテーションでこちらの表示星を受容するのであれば問題はありません。リセプションがなく、その惑星が凶星や太陽ならば、問題となります。最後に、表示星それ自体がドミサイルやエグザルテーションの場合、コンジャンクションで介在する惑星は、表示星の影響力の下にありますから、妨げになるかどうかは疑問です。

　ここで再び**例題チャート5**を見てみましょう。

　恋愛の質問で、月は7ハウスのアルムーテン、男性のナチュラル・ルーラーである太陽にアスペクトを形成中です。しかし前述のように、月の直近アスペクトは太陽とのトラインではなく、土星とのオポジションです。これは救いようがありません。トラインが邪魔をされ、答えはNOです。また、7ハウス天王星と1ハウス水星の完全オポジション、同じく7ハウスのサウス・ノードも問題です。

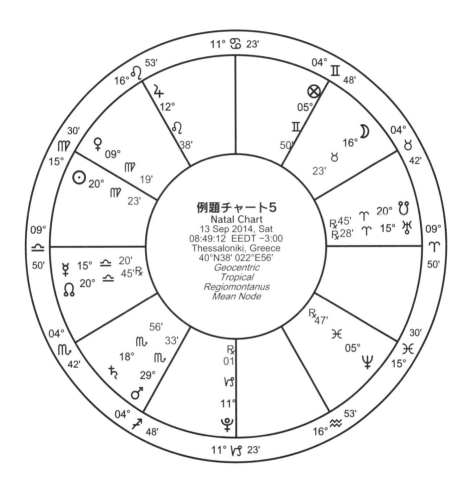

例題チャート14

　相談者はコンサートに行けるかを心配しています。コンサートは娯楽の5ハウスにある火星が示します。その火星は9ハウス・ルーラー（コンサートは外国で開催）で良い状態です。でも太陽（アセンダント・ルーラー）は火星とセクスタイルにならず（その前に両者のサインが変わってしまいます）、月の直近アスペクトは土星とのトラインです。トラインは何の妨げにもなりませんから、月と火星のスクウェアは安泰です。ですが、強力なミューチュアル・リセプションのない月と凶星とのスクウェアであり、火星はその存在自体が5ハウスに障害を与えています。5ハウス・ルーラーの木星は、土星に受容されていますが、土星はフォールで6ハウスにあり、調和アスペクトがありません。答えはNOです。

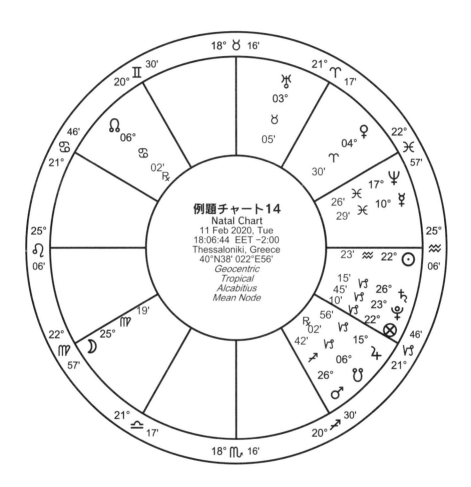

例題チャート14
Natal Chart
11 Feb 2020, Tue
18:06:44 EET −2:00
Thessaloniki, Greece
40°N38' 022°E56'
Geocentric
Tropical
Alcabitius
Mean Node

例題チャート15

　スポーツの質問です。月は、勝利の表示星（10ハウス・ルーラー）金星に接近セクスタイルですが、月の直近アスペクトは金星ではありません。仮にもしそうであれば、アスペクトがオーブから外れているので、私はこの月をボイドとし、チャートを無効にしていたでしょう。

　月の直近アスペクトは水星です。水星は凶星ではなく、天秤座の木星とミューチュアル・リセプション（トリプリシティ／ターム）。したがって、このコンジャンクションは妨げにならず、月から金星へのセクスタイルは成立します。金星は土星から障害を受けているように見えます。でも土星には、天秤座の木星と素晴らしいミューチュアル・リセプションがあり、問題にはなりません。また、金星自身も木星と強力なミューチュアル・リセプションです。火星も問題ありません。金星が強いだけでなく、火星にはトリプリシティとフェイスがあります。いずれにしても、金星と月のセクスタイルは、金星と土星のスクウェアの前に起こります。答えはYESです。

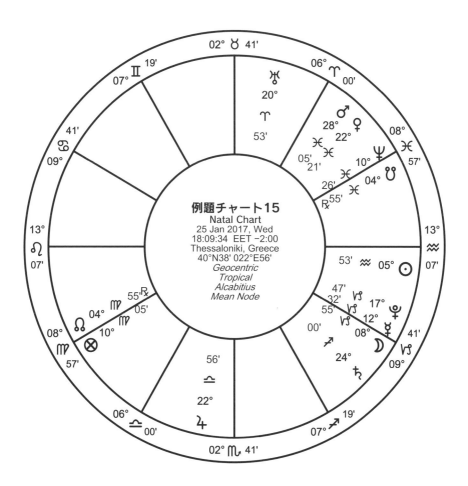

例題チャート15
Natal Chart
25 Jan 2017, Wed
18:09:34 EET −2:00
Thessaloniki, Greece
40°N38' 022°E56'
Geocentric
Tropical
Alcabitius
Mean Node

例題チャート16

　スポーツの質問です。アセンダントのドミサイル・ルーラーで共同アルムーテンの月は、勝利の表示星（10ハウス・ルーラー）火星と接近アスペクトを組んでいます。しかし、それ以前に月は金星とスクウェア、水星とトラインを完成させます。金星は吉星で逆行してはいますが、アンギュラー、トリプリシティ、タームを備えています。水星とのトライン、金星とのスクウェアは問題にはなりません。では、月と火星のコンジャンクションはどうでしょうか。これは無効です。デトリメントにある凶星とのコンジャンクションで、凶意を相殺する強力なリセプションがありません。チームは負けてしまいました。

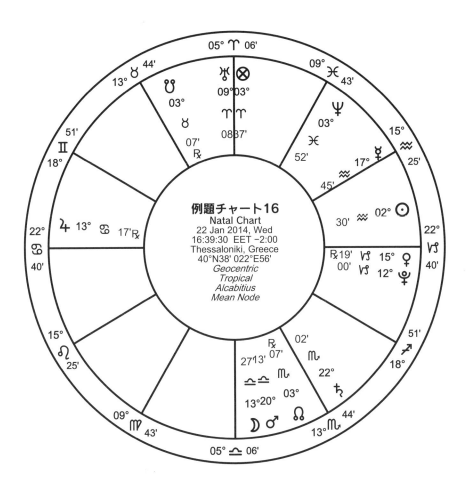

例題チャート16
Natal Chart
22 Jan 2014, Wed
16:39:30 EET −2:00
Thessaloniki, Greece
40°N38' 022°E56'
Geocentric
Tropical
Alcabitius
Mean Node

例題チャート17

　10ハウスの質問です。月は、勝利の表示星である金星とオポジションを形成します。一方、金星の品位はともて高く、木星とトライン。また、月は木星とセクスタイルです。オポジションの凶意は相殺されるでしょうか？

　惑わされないでください。月の直近アスペクトは凶星火星とのスクウェア。そして強いミューチュアル・リセプションがありません。次に何が起きても、それがどんなにポジティブなものであっても、このスクウェアによって妨げられます。このスクウェアは、1ハウスの表示星の状態を確認する必要がないほどにネガティブなものです。答えはNOです。

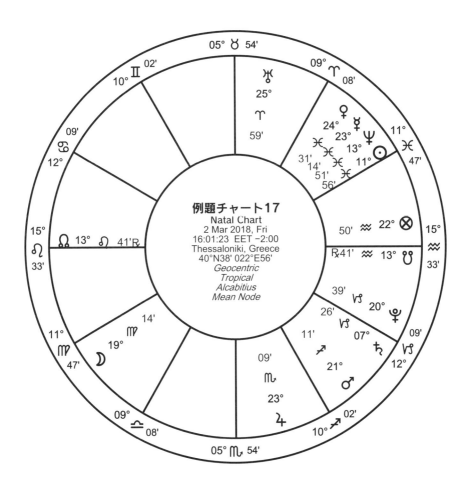

月、またはアセンダント・ルーラーが、質問事項のルーラーに直近アスペクトを組むのであれば、そこで完了です。

　唯一、行うのはアスペクトを調べることだけです。

　トラインは、リセプションを必要としない最良の結果です。セクスタイルは、惑星がエッセンシャル・ディグニティを持っていない限り、ほとんどの場合リセプションを必要とします。

　スクウェアは、一方の表示星が凶星や太陽の場合、ドミサイル、エグザルテーションの強いミューチュアル・リセプション、または、ドミサイルかエグザルテーションのシングル・リセプションが必要です。

　一方の表示星がディグニティの少ない吉星の時、ドミサイルやエグザルテーションの強いシングル・リセプションが必要です。吉星に十分なディグニティがある時、（フェイスを除く）マイナー・ディグニティでのシングル・リセプションで十分な場合もあります。水星は強いディグニティがない限り、少なくともトリプリシティやターム同士のミューチュアル・リセプションが必要な場合がほとんどです。

　オポジションの凶意を相殺するのは、強いミューチュアル・リセプションと、対立する2つの惑星に、リセプションを伴いセクスタイル／トラインで関わる第三の惑星がある場合のみです。そうであっても問題があるかもしれません。

　太陽への接近コンジャンクションはコンバストです。太陽が獅子座か牡羊座にあり、コンバストされる惑星を強く受容している、あるいはコンバストする惑星がドミサイルまたはエグザルテーションにある時を除き、答えはNOです。ただ、もしコンバストされた惑星が太陽から分離中で、他の主要表示星（アセンダント・ルーラーや月）が直近で調和アスペクトを作るなら、ポジティブな結果を得られるかもしれません。

凶星とのコンジャンクションは、凶星がそのドミサイルまたはエグザルテーションのサインにあり、他の惑星を強く受容している場合を除き、悪い結果となります。

例題チャート18

　スポーツの質問です。月は、勝利の表示星である10ハウスの水星とトライン。通常はこれで十分です。念のため、アセンダント・ルーラーが全く異なる状況を描いていないか、またチャートで何が起きているかを観察してみましょう。

　アセンダントの共同アルムーテンであり、10ハウスのドミサイル・ルーラー／アルムーテンの火星はコンバストから開放されたばかりです。そして、10ハウス・カスプとコンジャンクトする金星と非常に強いミューチュアル・リセプションです。また、アセンダントのドミサイル・ルーラー土星は、1ハウスで自身のドミサイルにあり、火星と強いミューチュアル・リセプション。このチャートの唯一の問題は、アセンダントのサウス・ノードと、太陽から土星へのスクウェアですが、ここにはリセプションがあり（土星はエグザルテーションで太陽を受容）、アスペクトは分離中です。全体的に幸運なチャートで、答えはYESです。

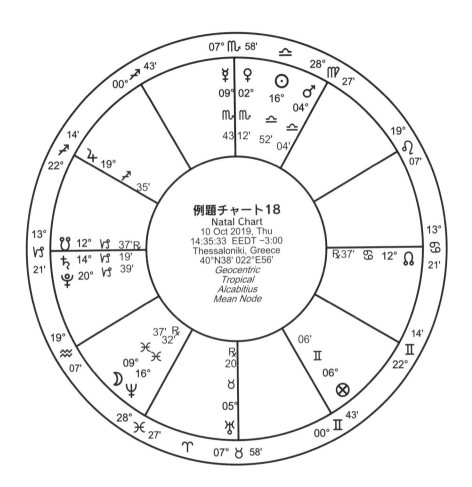

例題チャート18
Natal Chart
10 Oct 2019, Thu
14:35:33 EEDT −3:00
Thessaloniki, Greece
40°N38' 022°E56'
Geocentric
Tropical
Alcabitius
Mean Node

例題チャート19

　スポーツの質問です。月はリセプションを伴い水星とのセクスタイルを形成中（月は水星のトリプリティにあります）。でも水星は表示星ではなく、月はサウス・ノードのコンジャンクションで障害を受けています。すでに述べたように、サウス・ノードとのコンジャンクションは一般的に障害とされ、特に月にとっては良くありません。ですから、セクスタイルだけでは明らかに不十分です。太陽（10ハウスのドミサイル・ルーラー）と木星の間にリセプションを伴う完全なトラインがあり、1ハウスの木星は応援するチームの表示星です。これは良いことですが、残念ながら分離アスペクト。太陽は火星とのスクウェアを形成中。でも両星のサインが変わった後に起こることですし、仮にその前に起こったとしても、良いことではありません。答えはNOです。

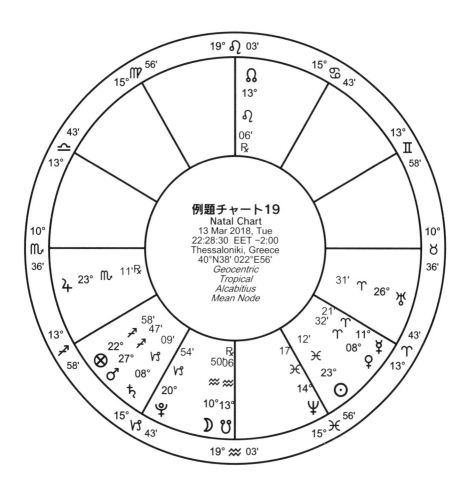

例題チャート19
Natal Chart
13 Mar 2018, Tue
22:28:30 EET -2:00
Thessaloniki, Greece
40°N38' 022°E56'
Geocentric
Tropical
Alcabitius
Mean Node

例題チャート20

つづいてスポーツの質問。月は太陽とのスクウェアから離れ、土星とオポジションを形成中。これは好ましくありませんが、月はドミサイルにあり、2つの凶星には強いディグニティがあります。ですから機械的にNOにはできません。しかし、月は（土星とのオポジションの後に）水星とスクウェアを形成します。勝利の表示星（10ハウス・ルーラー）水星は逆行しアンダーザビーム、そしてコンバストへと向かっています。太陽は水星を受容していますから、水星はコンバストで完全に破壊されることはありません。それでも、水星は逆行中で弱く、リセプションの無い月とのスクウェアです。アセンダントのドミサイル・ルーラーとアルムーテンである火星の品位は高いのですが、太陽との完全なスクウェアで障害を受けています。こうした状況で、アセンダントの木星は明らかに良い結果を示すには不十分です。チームは負けました。

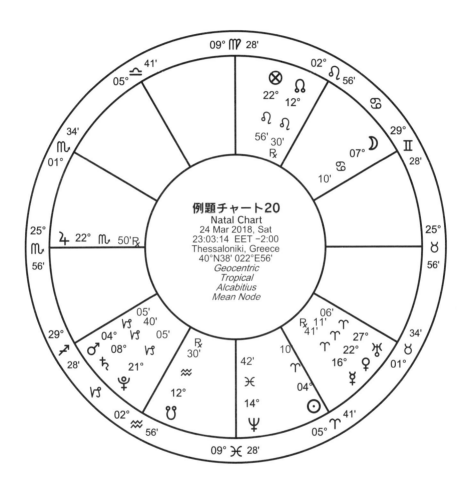

例題チャート21

　スポーツの質問です。月は1ハウスの木星とトライン（1ハウスをインターセプトしたサインにあります）を形成中。強いシングル・リセプションです。仮に木星を2ハウスに置くレジオモンタヌスを使ったとしても、木星は10ハウスの共同アルムーテンです。これだけでも十分なのですが、月と木星がアセンダントとアスペクトしないので、もう少し観察してみましょう。アセンダントのドミサイル・ルーラーで、アルムーテンの金星は、魚座で非常に強い（エグザルテーションとターム）状態です。でも、1ハウスをインターセプトする蠍座のルーラー、凶星の火星とスクウェアを形成中。トリプリシティとタームのミューチュアル・リセプションがありますが、通常は十分ではありません。しかし、金星の品位はとても高く、月と木星のトラインもあります。チームは勝利しました。

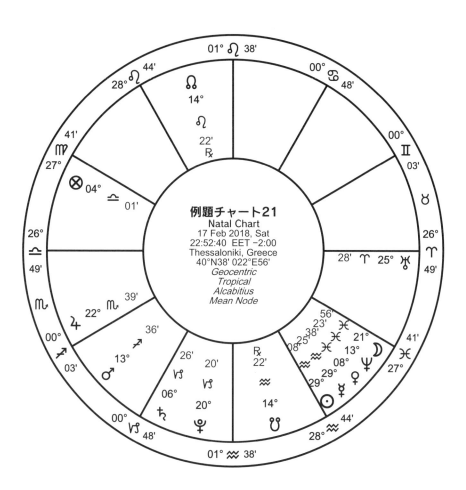

例題チャート22

　恋愛関係の質問です。質問者の表示星である火星は、パートナーの表示星、金星と完全にコンジャンクトし、金星は水星との強いミューチュアル・リセプションで助けられています。しかし、火星は凶星で離別の星でもあります。一般に信じられていることとは裏腹に、このコンジャンクションは吉兆ではありません。なぜなら、トリプリティによるシングル・リセプションは火星の凶意を消すには不十分だからです。「凶星が主要表示星となっても、凶星が凶星でなくなるわけではない」という、基本ルールの一例です。その上、火星も金星も、もうひとつの凶星である土星にアスペクトを形成中です。これまでの事例で、こうした土星が（射手座で、天秤座の木星とミューチュアル・リセプションの時）吉星のように良い振る舞いをするのを見てきました。では、さらに月の状態を見てみましょう。月は水星と太陽に対してオポジションを形成中です。非常にネガティブです。答えは確実にNO。同僚であった2人が、共に出張に行くタイミングであった事実から、コンジャンクションの説明はつきます。

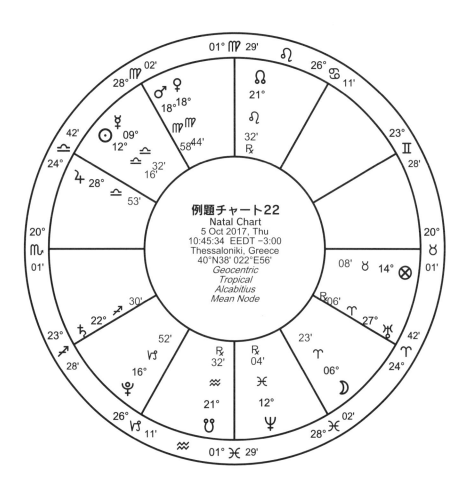

01° ♍ 29'

28°♍ 02'

♂ ♀
18°18°

♍♍
58 44'

♀ ☿
09°
12°

☉

26° ♋
11'

♌
21°

♌
32'
Rx

42'

♎
24°

23°
♎
16 32'

♎
53'

♃ 28°

例題チャート22
Natal Chart
5 Oct 2017, Thu
10:45:34 EEDT −3:00
Thessaloniki, Greece
40°N38' 022°E56'
Geocentric
Tropical
Alcabitius
Mean Node

23°
♊
28'

20°
♏
01'

20°
♉
01'

08' ♉ 14° ⊗

♄ 22° 30'

♐
23°
28'

52'

♑
16°

Rx
32'
≈
21°

Rx
04'
♓
12°

R 06'
♈
27° ♅
42'

23'
♈
06°
☽

♈
24'

♇
26°♑
11'

☊
21°

♆
12°

28° ♓
02'

01° ♓ 29'

例題チャート23

　7ハウスの質問です。アセンダントのドミサイル・ルーラー／アルムーテンの水星が7ハウスにありますから、1ハウスと同様に7ハウスの表示星となります。月は水星とトラインを形成中で、とてもポジティブです。さらに、月は7ハウスのドミサイル・ルーラー木星の光を、水星に受け渡しています（これがトランスレーションです）。水星は金星との強いミューチュアル・リセプションに助けられ、7ハウスのアルムーテンである金星自身の次なるアスペクトは火星との幸運のトライン。これ以上必要でしょうか？　答えは間違いなくYESです。

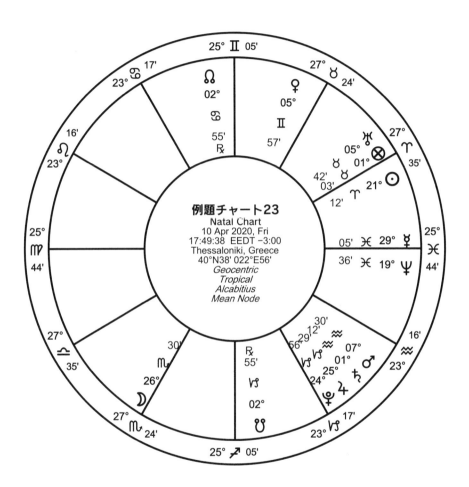

例題チャート23
Natal Chart
10 Apr 2020, Fri
17:49:38 EEDT −3:00
Thessaloniki, Greece
40°N38' 022°E56'
Geocentric
Tropical
Alcabitius
Mean Node

例題チャート24

　置き忘れた物についての質問です。所有物の2ハウスにある月は、水星とリセプションを伴いセクスタイルを形成中です（月は水星のトリプリシティとタームにあります）。これは吉兆です。水星は木星とミューチュアル・リセプション（ドミサイルとターム）で、アンダーザビームかもしれませんが、すぐに太陽がサインを変えるので、しばらくコンバストにはなりません。月は土星とミューチュアル・リセプションです（エグザルテーション／トリプリシティ）。すべてにおいて良い表示です。アイテムは見つかるでしょう。そして実際に見つかりました。

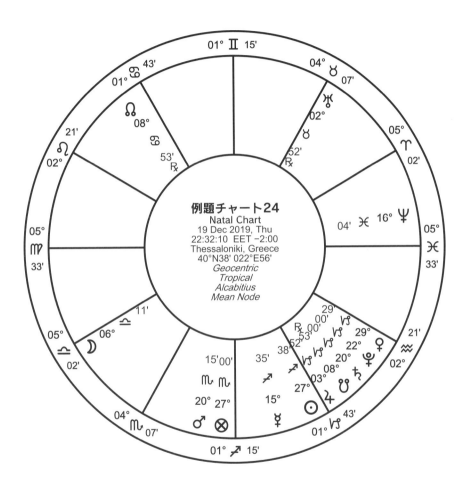

例題チャート25

　ふたたび置き忘れについての質問です。月はエグザルテーションにあり、ドミサイルの土星とトラインを形成中。土星はアセンダントのドミサイル・ルーラーであり、アルムーテンです。土星は12ハウスでJOY、サウス・ノードとの合は障害となりません。なぜなら、品位はとても高く、火星との強いミューチュアル・リセプションもあるからです。答えはYESです。

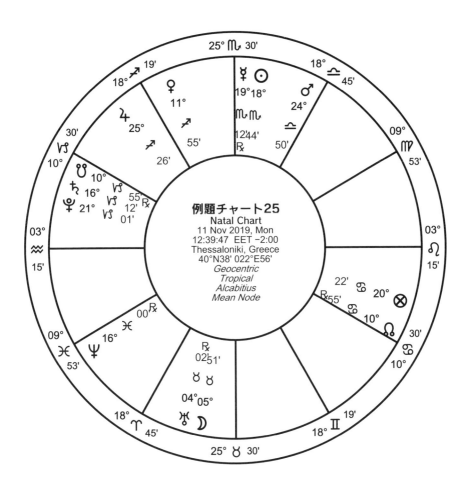

この本も終わりに近づいてきました。チャートの判断は明瞭になったでしょうか。全ての組み合わせを網羅したわけではありませんが、ホラリーチャートにアプローチする手順を紹介できたのであれば嬉しいです。

　まとめましょう。

　質問が何であれ、事例で示した方法で月とアセンダント・ルーラー、アルムーテンの状況を評価し、次に何が起きるのか（直近のアスペクト）をチェックします。質問事項のルーラーも同様です。
　質問が妥当でチャートが有効であれば、ほとんどの場合は明確な答えが得られるでしょう。

　忘れないでください、クライアントのお金で探偵ごっこをしたり、脚本を書いてはいけませんよ！

トレーニング
チャート

やってみよう

　最初は質問の意味は考えず、本書で述べる一般ルールを使ってください。

　まず、主要表示星（アセンダントと月のドミサイル・ルーラー／アルムーテン）が形成する直近アスペクトを観察してください。

　全てのトライン、リセプションを伴うセクスタイル、高いエッセンシャル・ディグニティを持つ惑星同士のセクスタイル、吉星とのコンジャンクション、強いリセプションを伴う凶星とのコンジャンクションは吉兆、吉意、幸運です。答えはYES。

　凶意、凶兆とは、ミューチュアル・リセプション不在の凶星と太陽とのスクウェア、ディグニティが低い吉星とのリセプション不在のスクウェア、セクスタイル／トライン関係にある第三の惑星を受容していない惑星同士のオポジション、リセプション不在の太陽または凶星とのコンジャンクションです。こうした時、答えはNOです。

　解答を見て質問内容を理解したら、あなたの答えがどう変わるか、またどのくらいの頻度で変わるかを見てください。

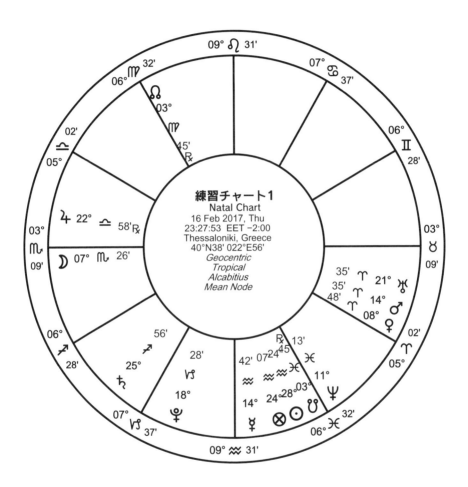

練習チャート1
Natal Chart
16 Feb 2017, Thu
23:27:53 EET −2:00
Thessaloniki, Greece
40°N38' 022°E56'
Geocentric
Tropical
Alcabitius
Mean Node

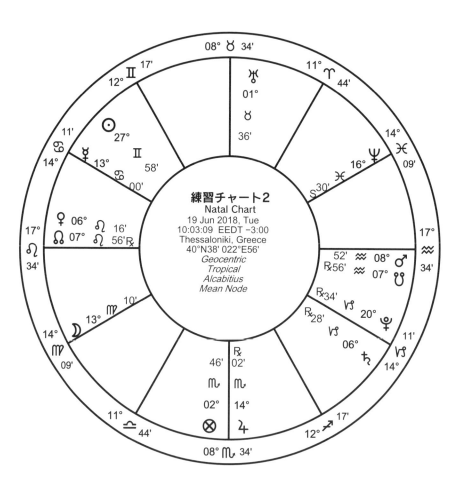

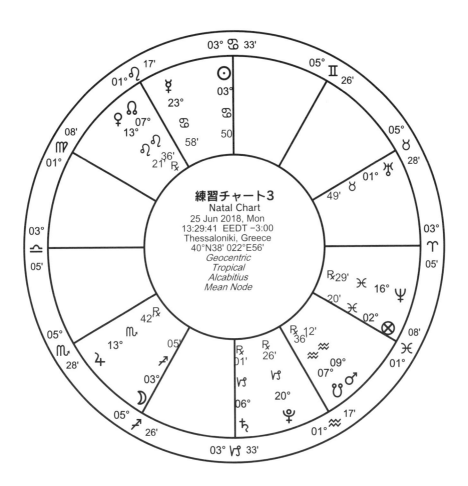

練習チャート3
Natal Chart
25 Jun 2018, Mon
13:29:41 EEDT −3:00
Thessaloniki, Greece
40°N38' 022°E56'
Geocentric
Tropical
Alcabitius
Mean Node

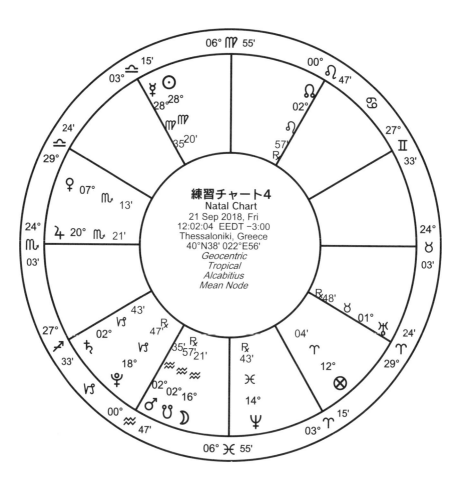

練習チャート4
Natal Chart
21 Sep 2018, Fri
12:02:04 EEDT −3:00
Thessaloniki, Greece
40°N38' 022°E56'
Geocentric
Tropical
Alcabitius
Mean Node

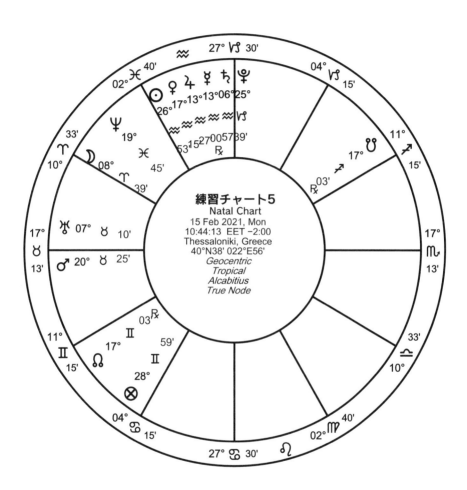

練習チャート5
Natal Chart
15 Feb 2021, Mon
10:44:13 EET −2:00
Thessaloniki, Greece
40°N38' 022°E56'
Geocentric
Tropical
Alcabitius
True Node

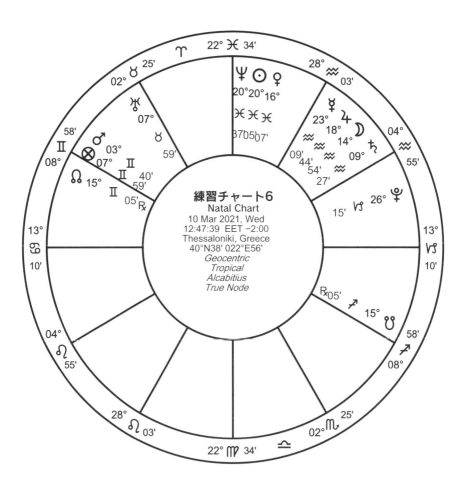

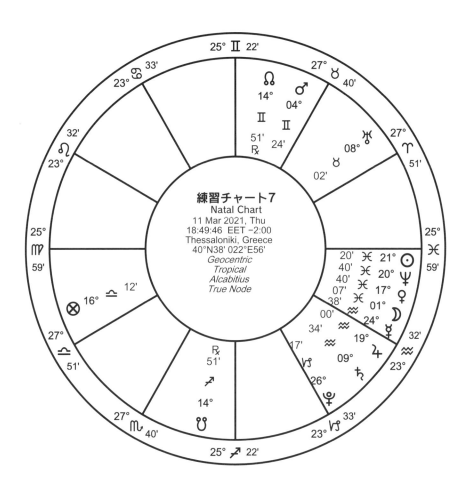

トレーニング・チャートの回答

チャート1

　フォールの月が、水星とリセプション無しでスクウェアを形成します。アセンダントのドミサイル・ルーラーとアルムーテンである火星の品位は高く、移動速度は早く、JOYとなる6ハウスにあります。ところが次の直近アスペクトは、12ハウスで逆行中の木星とのオポジション。木星は土星から援助を受けていま

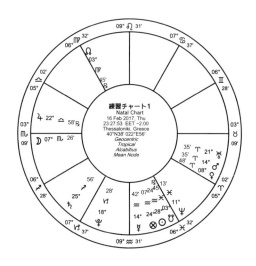

すが、オポジションはオポジションです。土星が火星と木星のオポジションの弊害を軽減してくれると考えても、これは吉兆と言えません。月と水星のスクウェアと合わせて、答えはNOでしょう。

　これはスポーツの質問「私が応援するチームは勝てるか？」です。太陽は勝利の表示星ですが、デトリメントにあり、火星からは分離中で距離もあります。月が蠍座にある限り、太陽とアスペクトすることはありませんし、たとえアスペクトしても、水星とのスクウェアに邪魔され、効果のないスクウェアになるでしょう。当初の否定的な回答通りです。チームは試合に負けました。

チャート2

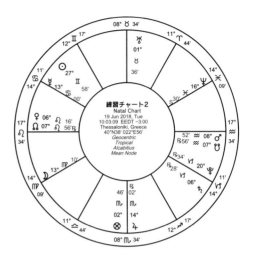

練習チャート2
Natal Chart
19 Jun 2018, Tue
10:03:09 EEDT −3:00
Thessaloniki, Greece
40°N38′ 022°E56′
Geocentric
Tropical
Alcabitius
Mean Node

　月は吉星である木星とセクスタイルを形成中。でも、セクスタイルが良い結果を生むには、通常少なくともシングル・リセプションが必要です。また、木星は逆行中です。太陽（アセンダントのドミサイル・ルーラーとアルムーテン）の次の直近アスペクトは、オーブから外れていますが月とのスクウェア。金星は1ハウスと同じサインにあり、質問者の共同表示星です。その金星は火星とオポジションですから、答えはNOに違いありません。でも、月と木星のセクスタイルがありますし、質問者の表示星の再確認が必要です。

　人間関係（恋愛）の質問です。7ハウスのドミサイル・ルーラーでアルムーテンである土星は山羊座にあり、品位は高いのですが、逆行中でケイデントハウスにあります。土星は太陽とアスペクトをとらず、月は土星から分離中。火星は質問事項の共同表示星で、金星とオポジションを形成します。しかも7ハウスの火星は、人間関係の質問では常に否定的な表示です。答えは明確にNO。その関係は成立しませんでした。

チャート3

アセンダントのドミサイ
ル・ルーラーである金星は、
木星とスクウェア。両星はと
もに吉星です。でもリセプシ
ョンはとても弱く、木星は逆
行中で、アセンダントにアス
ペクトしません。月は火星と
セクスタイルになりますが、
ここでも両者の間にレセプシ
ョンはなく、火星はサウスノ
ードとのコンジャンクション

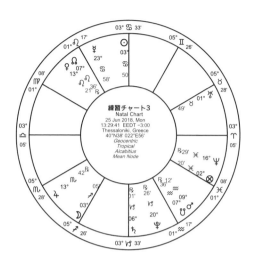

で弱体化しています。今のところ、物事は良くも悪くもありません。し
かしアセンダントのアルムーテンである土星は、間もなく太陽とオポジ
ション。これは非常にネガティブです。答えはNOに違いありません。

　これも恋愛の質問です。太陽は7ハウスのアルムーテンであり、土星
とのオポジションは非常に深刻です。金星は火星とのオポジションから
分離中。月と金星のトラインは、金星と木星のスクウェアによって妨げ
られています。2人はデートをしましたが（月と火星のセクスタイル）、
それ以上の関係には発展しませんでした。

チャート4

　火星はアセンダントのドミ
サイル・ルーラーとアルムー
テンです。また、土星とミュ
ーチュアル・リセプションで
すが、ケイデントでサウスノ
ードとコンジャンクション。
次のアスペクトは金星とのス
クウェア。火星は加速してい
ますが、金星は逆行へと向か
う過程にあり、速度を落とし
ています。ミューチュアル・

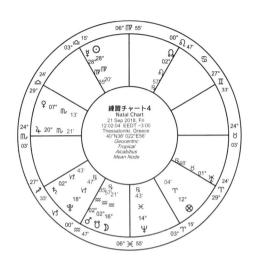

リセプションのないスクウェアは、ほとんどの場合問題です。木星はア
センダントにコンジャンクト。でも、次に起きるアスペクトは月とのス
クウェアで、ミューチュアル・リセプションがありません。チャートが
示すのは吉兆ではなく、質問が何であれ、答えはNOに違いありません。
　人間関係の質問です。金星と木星は、火星と月に対して強いリセプシ
ョン不在のスクウェアを形成します（月は木星のタームに入っています
が、アスペクト完成時は火星のタームに入ります）。交際は実現しません
でした。

チャート5

　月は牡羊座。土星を除く水
瓶座のすべての惑星とセクス
タイルを形成しようとしてい
ます。月は12ハウスにあり
ますが、かなり良い状況です。
月の最初のアスペクトは水星
とレセプションを伴うセクス
タイル（アスペクト完成時、
月は水星のタームに入りま
す）。アセンダント・ルーラー
とアルムーテンは金星で水瓶

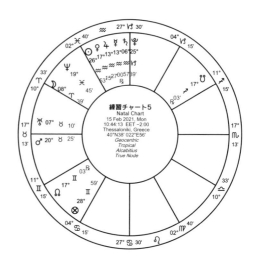

座に集合する惑星のひとつです。水瓶座の惑星は全て土星の存在によっ
て助けられています。金星はアンダーザビーム。コンバストへと向かっ
ていますが、その前に太陽は魚座に移動します。金星の次のアスペクト
は月とのセクスタイル。火星はアセンダントでデトリメントにあります
が、月とのミューチュアル・リセプションによって大いに助けらていま
す。際立つほどの幸運なチャートではありません。でも答えはYESでし
ょう。

　仕事に関する質問です。水瓶座のすべての惑星が仕事の共同表示星で、
月はそれらの惑星とセクスタイルです。10ハウスのアルムーテンである
火星が、質問者のハウスにあるのは極めて肯定的。火星はデトリメント
にある凶星ですから、月とのミューチュアル・リセプションがなければ、
結果は違っていたでしょう。

チャート6

　アセンダントのドミサイル・ルーラーでありアルムーテンの月が、吉星の木星とコンジャンクトし、土星はこの2つの惑星を自身のサインで受容しています。これ以上見る必要はありません。答えはYES。唯一の問題は、2つの惑星が位置する8ハウスです。途中で困難が生じるかもしれません。

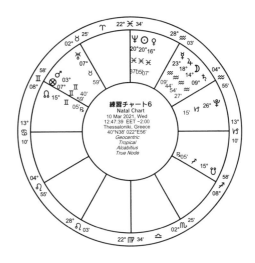

練習チャート6
Natal Chart
10 Mar 2021, Wed
12:47:39 EET -2:00
Thessaloniki, Greece
40°N38' 022°E56'
Geocentric
Tropical
Alcabitius
True Node

　スポーツ勝敗の質問です。10ハウス・ルーラーの木星が主要表示星です。太陽と金星（吉星）はMC（勝利）とコンジャンクト。金星はエグザルテーションですから、コンバストで破壊されることはありません。10ハウスのインターセプト・サインのドミサイル・ルーラーである火星は、土星とトラインで結ばれ、土星は火星をトリプリシティで受容しています。ただし火星は12ハウス。相談者のチームが勝ちましたが、簡単な勝利ではありませんでした。

チャート7

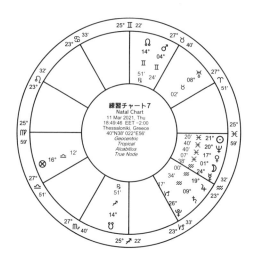

練習チャート7
Natal Chart
11 Mar 2021, Thu
18:49:46 EET -2:00
Thessaloniki, Greece
40°N38' 022°E56'
Geocentric
Tropical
Alcabitius
True Node

　月はエグザルテーションの
金星に受容されています。で
も金星は火星とスクウェアで
す。火星はトリプリシティで
月を受容しています。でも凶
星のスクウェアには、強いミ
ューチュアル・リセプション
が必要です。水星はアセンダ
ントのドミサイル・ルーラー
であり、アルムーテン。そし
て土星にドミサイルで受容さ
れています。しかし土星がいるのは不運な6ハウス。月と火星のスクウ
ェアがすべてを物語っています。質問が何であれ、答えはNOでしょう。

　仕事に関する質問です。水星は10ハウス・ルーラーでもありますが、
だれともアスペクトを形成していません。強力なミューチュアル・リセ
プション不在の月と火星のスクウェアも、疑問の余地はありません。相
談者は仕事を得られませんでした。

ホラリー実践者資格講座QHP（1984年設立）について

サーティフィケートとディプロマ

　クォリファイング・ホラリー・プラクティショナー（QHP）は、サーティフィケートとディプロマに分かれる通信講座です。ディプロマコースでは、2つの履修単位「ホラリー」と「出生図とホラリー」から1つを選択します。ディプロマ・コース終了時には、ホラリー・チャートの流れに沿って、正確で検証可能な予測を立てることが求められます。これは、それまでの継続的な評価とともに、最終試験に取って代わるものです。プロフェッショナルな水準に達していることを証明した後、ディプロマが授与されます。QHPディプロマ取得者は、QHP（Qualifying Horary Practitioner）のイニシャルを使用することができます。

新履修単位「QHP 出生図とホラリー」

　出生図はすべてのチャートの中で最も重要で、ウィリアム・リリー（1602～1681）とその同時代の人々によって、その優位性は確認されています。有効なホラリーチャートは、出生図の表示と矛盾することがありません。出生図の表示と併せて、正確なホラリーチャートは特定の時点における特定の命題に関連する情報を明らかにします。ホラリー（および他のチャート）と併せて出生図を活用することで、実践者はより完全な分析と解釈を提供することができるのです。「QHP 出生図とホラリー」は、こうした目的のために私が考案した、ホラリーとネイタル（出生）のテクニックを組み合わせたコースです。

　既存のQHPディプロマ・コース（ホラリー）と新しいQHPディプロマ・コース（出生図とホラリー）は、いずれもQHPサーティフィケート保持者向けに作られています。QHPサーティフィケートは、6レッスン

を1年で学ぶコースで、ホラリー占星術に関する基本的なテクニックを学べます。他コースのサーティフィケート保持者や学生も占星術理論のスキルを前提としていれば歓迎致します。新しいQHPディプロマ・コースでは、プライマリー・ディレクション、セカンダリー・プログレッション、ソーラー・リターン、ルナー・リターン、プロフェクションなど、出生図に適用される予測技法に特に注力します。こうした技術は広範なチャートへ応用することが可能ですし、QHPサーティフィケートで習得するホラリー技術に基づいているという点でも重要です。

　詳しくはQHPサイト（https://qhpastrology.co.uk）をご覧いただくか、私までご連絡ください：petelefthe@gmail.com

訳者あとがき

「Takeshi、その問が君にとって重要であることを願っている」

　最終試験の題材を連絡すると、いつものようにすぐにペトロス先生から返信がありました。

　英国の古典ホラリー講座（QHP）を修了するには、ホラリーチャートによる未来予測という課題をクリアしなければなりません。私はFIFAワールド・カップ予選試合のひとつを最終課題に選びました。思い返せば、その返信の重要性を今ほどには理解してはいませんでした。「問が私にとって重要」とはどういうことでしょう。

　試験の課題選択は生徒に任されています。でも条件がありました。「未来の出来事を占うこと。その結果は公式に記録され、第三者が確認できること」です。もちろん興味のある予選試合でしたが、本当に自分にとって重要なのか、と問われればそうではありませんでした。果たして私は勝敗結果を外しました。その原因を、チャートをつくるまでのタイムラグに求めましたが、今はそれが、質問の切実さにあったと考えています。その後の体験から、質問の「質（質問者にとっての重要性や切実さ）」がホラリー占星術の結果を左右することを学んだからです。またこれは、本書冒頭で「チャートは可能な限り個人的なものでなければならない」と書かれている理由でもあります。ホラリー占星術を学ぶ時、ごく初期の練習時期を除き、興味本位の質問はお薦めしません。それはおそらくあなた自身のスキルを下げる原因になり得ます。現在は依頼がある時を除いて、スポーツの勝敗に関する質問はしません。自分にとってスポーツの勝敗は重要でないことを自覚しているからです。

　さて、ペトロス先生の2冊目の翻訳と校正が終わり、この原稿を書いています。翻訳者の仕事は終わりました。ここからは、ホラリー占星術

の生徒として3つの事柄を述べて、あとがきに代えます。すでに1つめの
「質問の重要性」について書きました。2つめは、シンプルな決めごとに
ついてです。

　本書は考えられる限りシンプルに、そして明瞭にホラリー技術を伝え
ています。特に、次の3つはペトロス先生から直に教わった大切なガイ
ドラインです。
「全てのホラリーチャートにおいて、主要表示星はアセンダント・ルー
ラーと月です。直近で、アセンダント・ルーラーと月に何が起きるかを
見つけることで、ほとんどの場合は答えが得られるでしょう」
「月が質問者の表示星を受容し、幸運なアスペクトをとるのならとても
肯定的です」
「もし、月が凶星にハードアスペクトし、強いミューチュアル・リセプ
ションがなく、両者のエッセンシャル・ディグニティが低い時、多くの
場合で答えはNOです」
　これらは、例題チャート3（ステップ2）の解説でも述べられています。
とてもシンプル、そして強力です。ぜひ実践で確かめてください。

　最後に、ホラリー占星術の難しさについて書きます。
　これまでに聞いた、ホラリーが難しいと言う意見は大きく分けて2つ
のケースに分けられます。ひとつは様々なルールや決めごと。特に現代
占星術からすると、複雑に見えるし、新たに習得する事柄があります。
でも「難解」さは、あくまでも現代占星術や他の占いと比較してのこと
ではないでしょうか。大抵の資格勉強や語学学習、あるいは中高生の時
に苦労した学科に比べれば、ずっとシンプルという点を忘れないでくだ
さい。占星術の衒学的評論や、難解に見える細かな理論に惑わされない
でください。そして、惑星、サイン、ハウス、アスペクトの基本を学ん
だら、本書でホラリー占星術に挑戦してください。芸能や武道と同じく、
ホラリー占星術は実践で体感する技芸だからです。

もうひとつのケースは、現代占星術との違いから生まれる戸惑いです。もし「占星術には豊かな物語性や描写が必須」と考えているのなら、一度立ち止まってみましょう。現代の占星術には、そうした描写能力が求められているかも知れません。もし「現代占星術との違い」に違和感があるのでしたら、違うゲームで遊ぶときのように、スタンスを変えてみましょう。たとえば、トランプには大富豪、ババ抜き、ポーカーなど様々なゲームがあります。ポーカーで遊び始めたら、ババ抜きとの違いなど気にはしないでしょうし、大富豪ではこうだから……とも考えません。異なる枠組みのゲームという前提で楽しむからです。本書で解説するホラリー占星術も同様です。現実に起きる事柄を扱うホラリー占星術の答えはシンプルです。では、YES／NOにしか答えられないのでしょうか。いいえ。そんなことはありません。問題は、誤魔化すことのできないYES/NOを導くことが、言うほどに簡単ではないということです。でも、もしホラリー占星術に通じることができれば、さらに占星術の世界を広げられるに違いありません。そして、全く新しい驚きを体験できるでしょう。

　最後になりました。ホラリー占星術に導いてくださったペトロス先生、本書の出版を快諾してくださった太玄社今井社長、編集と制作でお世話になった太玄社田中智絵様、DTPデザイナーのOFFICE DIMMI様、編集の初鹿野剛様に心よりお礼を申し上げます。

　読者の星の旅路がより楽しく豊かになりますように。

2024年1月12日

皆川剛志

【訳者紹介】

皆川剛志 (みなかわ・たけし)

1967年、横浜市生まれ。幼少より天体観測に親しむ天文ファン。占星術を独学後、古典占星術をペトロス・エレフセリアディス、肉眼での天体観測を重視する天文占星術をルーメン・コレブに学ぶ西洋占星術師 (QHP)。2009年から統計占星術サービス運営、占星術鑑定、天体観測会、ライブ講座を主催。株式会社 Charapla Inc.代表。
SNSではアストログラマー (astrogrammar) を由来とする名前「ぐら」で活動中。

訳書『ホラリー占星術』ペトロス・エレフセリアディス 著
　　『ハウス 天空の神殿』デボラ・ホールディング 著
共著『はじめての恒星占い』福本 基・皆川 剛志 著
著書『完全マスター予測占星術』
　　　（すべて太玄社）

【著者紹介】

ペトロス・エレフセリアディス（Petros Eleftheriadis）

ギリシャ共和国生まれ。法律とフランス文学を学ぶ。
オスカー・ホフマン（医療占星術）、パトリシア・ナヴァ（ジョン・フロウリー・メソッド）、
マーティン・ガンステン（プライマリー・ディレクション・ディプロマ）を修了。
QHP（Qualifying Horary Practitioner）にてバーバラ・ダンのもとホラリー占星術を修め、
2015年よりQHP筆頭講師。各国およびギリシャの後進育成にあたる。

ホラリー占星術　実践ガイド

2024年4月23日　初版発行

著　者 ……………………… ペトロス・エレフセリアディス
訳　者 ……………………… 皆川剛志
編　集 ……………………… 初鹿野剛
本文DTP ………………… Office DIMMI
装　幀 ……………………… 山添創平

発行者 ……………………… 今井博揮
発行所 ……………………… 株式会社太玄社
　　　　　　　　　　　　　電話:03-6427-9268　FAX:03-6450-5978
　　　　　　　　　　　　　E-mail:info@taigensha.com　HP:https://www.taigensha.com/
発売所 ……………………… 株式会社ナチュラルスピリット
　　　　　　　　　　　　　〒101-0051　東京都千代田区神田神保町3-2　高橋ビル2階
　　　　　　　　　　　　　電話:03-6450-5938　FAX:03-6450-5978
印刷所 ……………………… モリモト印刷株式会社

ホラリー占星術

運命を学ぶ実践的方法

ペトロス・エレフセリアディス【著】

皆川剛志【訳】

A5判・並製／定価 本体 2300 円＋税

Q＆A形式でホラリー占星術を公開！

質問時間でホロスコープを出し、質問に答えるのがホラリー
占星術。本書では、恋・仕事・お金・健康・スポーツの勝敗
など、全55の質問に的確な回答を与えます。

●陰陽五行を極める本格的占い出版社、太玄社の本（★…電子書籍もございます）

ハウス
天空の神殿

デボラ・ホールディング【著】
皆川剛志【訳】

A5判・並製／定価 本体 2500 円＋税

全占星術師必携の一冊！

英国を代表する占星術師による「ハウス」解説書、占星術界
へ一石を投じた画期的で唯一無二の決定版がついに刊行！
ハウスを知るほど占星術は面白くなる！ 理解できる！